(1) **„Goldene Nummern"**
Schwierigere oder weiterführende Aufgaben.

[1] **„Quadratische Nummern"**
Diese Aufgaben können im **Arbeitsheft** gelöst werden.

(1) **„Lorbeerkranz-Nummern"**
Knobelaufgaben für kleine Mathematiker, die sich gern an schwierige Aufgaben wagen.

**„Elefant"**
Zu dieser Seite gibt es im **Arbeitsheft** zusätzliche Aufgaben.

Der Tigerflieger zeigt dir, mit welchem Teil der dem Buch beiliegenden CD-ROM **Mathetiger Basic 4** du arbeiten kannst:

**Grollmen**
Zahlvorstellung aufbauen

**Spedition MaGet**
Einmaleinsreihen

**Zoras Zauberzeichen**
Flexibles Rechnen

**Rechenmeister**
Kopfrechnen

**Papagei Frido**
Uhrzeiger einstellen

**Raketenflieger**
Orientieren am Zahlenstrahl

Zu diesen Seiten findest du im **Internet** zusätzliche Programme und Internetlinks unter: **www.das-mathebuch-4.de/4502-90/**

Hier findest du weitere passende Aufgaben, die du lösen kannst.

Hier findest du Aufgaben, die du für andere Schüler erstellen kannst.

Hier findest du Links, die zu interessanten Informationen zum Thema der Seite führen.

# Das Mathebuch 4

Herausgegeben von
Karl-Heinz Keller und Peter Pfaff

unter Mitarbeit von
Jürgen Behrens, Wolfgang Bornemann, Hilde Hartmann
Hans-Wolfgang Heberling, Matthias Heidenreich, Thomas Laubis
Paul-Heinz Leifhelm, Dr. Peter Schmidt, Prof. Dr. Peter Sorger

**Folgenden Kolleginnen und Kollegen und ihren Schülerinnen und Schülern danken wir für die Erprobung:**

Claudia Bayer, Stuttgart
Marion Beine, Schmallenberg
Sabine Bendel, Plau am See
Judith Brockmann, Stuttgart
Veronika Dahlke-Ruttloh, Medebach
Hans-Joachim Druse, Oberhausen
Brigitte Eckert, Villingen-Schwenningen
Gabriele Eckstein, Oberhausen
Reiner Faßbender, Sinzig/Rhein
Volker Freund, Westensee
Ingrid Grotstollen, Oberhausen
Armgard Hartwig, Oberhausen
Hans-Wolfgang Heberling, Wuppertal
Christine Heimbrod, Simmertal
Andrea Hemfler, Wernigerode
Roswitha Henne, Mühlhausen
Helga Hey, Wabern

Ulrike Höhne, Kenzingen
Elke Jorek-Schoenke, Bremen
Edith Karnstädt, Albstadt
Hanna Kempe, Oederan
Gerhard Kleinefeld, Weiskirchen
Marika Kramer, Bruchsal
Thomas Laubis, Stühlingen
Ulrike Liebetrau, Freiburg-Waltershofen
Regina Loth, Bielefeld
Gabriele Lutzke, Berlin
Ingrid Marten, Ulm
Stefanie Meyer, Schmallenberg
Monika Müller, Berlin
Heinz Niederbröker, Bielefeld

Gerhard Nowakowski, Hüfingen-Hausen u.W.
Monika Oberem, Oberhausen
Maria Ölkrug, Medebach
Evelyn Paul, Oberhausen
Anja Plies-Gnerlich, Medebach
Renate Pohl, Westerstetten
Constanze Prehn, Bad Wilsnack
Christel Prehn, Oberhausen
Ute Schildt, Berlin
Gerd Schlosser, Sinzig/Rhein
Detlef Schmidt-Glöckler, Stuttgart
Wolfgang Schüssler, Eriskirch
Hans Sohmer, Salem
Elisabeth Sporer, Ulm
Sylvia Strenzke, Hofgeismar
Petra Thurmann, Plau am See
Michael Vaupel, Wohratal
Ingrid Waibel, Freiburg-Waltershofen
Werner Weinmann, Stuttgart
Patricia Weißenhorn, Stuttgart
Ute Wirth, Stuttgart

**Mildenberger Verlag**

# Zum Lehrgang für das 4. Schuljahr gehören:

1. **Schülerbuch (112 Seiten) mit CD-ROM Mathetiger Basic 4, Internetplattform www.das-mathebuch-4.de/4502-90/ mit 9 Arbeitsbeilagen** — Bestell-Nr. 4502-90

   Beilage 1: Millimeterpapier (Seite 13)
   Beilage 2: Millimeterpapier (Seite 13)
   Beilage 3: Zahlenquartett 1 (Seite 20)
   Beilage 4: Zahlenquartett 2 (Seite 20)
   Beilage 5: Körper bauen (Seite 25)
   Beilage 6: Körper bauen (Seite 25)
   Beilage 7: Würfel- und Quadernetz (Seite 26 und 93)
   Beilage 8: Behälter für 125 ml, 100 ml, 10 ml und 1 ml (Seite 36)
   Beilage 9: Größen und Geometrie

   Diese Arbeitsbeilagen können auch gesondert bezogen werden. — Bestell-Nr. 4502-62

2. **Handbuch** für Lehrerinnen und Lehrer (Teil A) — Bestell-Nr. 4502-93

   Vorschläge für Planung und Organisation,
   Schülerbuch mit Anregungen zur Unterrichtsgestaltung
   im Ordner mit Register für alle Teile des Lehrganges

3. **Handbuch** (Teil B) — Bestell-Nr. 4502-94

   a) 8 **Lernkontrollen** in zwei Formen
   b) **„Zum Weiterarbeiten"** – Kopiervorlagen für Übung, Differenzierung und Freiarbeit
   c) **Spiele** für Übung, Differenzierung und Freiarbeit
   d) **Lösungen** zum Schülerbuch, Arbeitsheft, Übungsheft und zu den Kopiervorlagen „Zum Weiterarbeiten"

   Teil B des Handbuches ist zur Einlage in den Ordner (Teil A) bestimmt.

## Zusätzliche Arbeitshilfen

1. **Das Arbeitsheft 4** — Bestell-Nr. 4502-66
2. **Das Übungsheft 4** — Bestell-Nr. 4502-54
3. **Geo-Brett,** 15 x 15 cm, 5 x 5 Stifte, transparent — Bestell-Nr. 250-21
4. **Transparentfolien** für den Tageslichtprojektor — Bestell-Nr. 4502-65

Bestell-Nr. 4502-90
ISBN 3-619-45290-3



Internetadresse: www.mildenberger-verlag.de
E-Mail: info@mildenberger-verlag.de

Auflage Druck 8 7 6 5
Jahr 2008 2007 2006 2005



Alle Drucke dieser Auflage sind unverändert und im Unterricht parallel verwendbar.

Layout und Illustrationen:
Assen Münning, 65824 Schwalbach / Taunus
Illustrationen S. 67, 88:
Klaus Hermann Grafik-Design, 59427 Unna
Fotos: Karlheinz Arian Kolster, 79822 Titisee-Neustadt
Druck: VVA GmbH / Wesel Kommunikation, 76534 Baden-Baden
Gedruckt auf umweltfreundlichen Papieren

### Bildquellenverzeichnis

**Bildarchiv OKAPIA KG**: S. 6, Gartenkreuzspinne © Jürgen Vogt; S. 106, Arab. Vollblut, Engl. Vollblut, Lipizzaner, Dt. Reitpferd, Islandpferd, Shetlandpony
**Bildarchiv Superbild Eric Bach**: S. 11, Ausschnitt Armaturenbrett © EAR; S. 11, Autobahn; S. 18, Heidelberg © Tetsuo Sayama; S. 49, Morotway M1 England © EAD; S. 49, Budapest © EAB; S. 55, ICE © EAD; S. 65, Hausrotschwanz © H. Schmidbauer; S. 65, Rotkehlchen © H. Schmidbauer; S. 74, Armaturenbrett © EAR; S. 74, Autobahn; S. 77, Star © RAK; S. 78, Pferd © Eric Bach; S. 78, Weinbergschnecke © H. Schmidbauer ; S. 80, Bachforelle © HSC; S. 80, Rothirsch © HSC; S. 88, Familie © EAB; S. 89, Bachforelle
**Bavaria Bildagentur**: S. 6, Maulwurf; S. 42, Brandenburger Tor © Gerd Schnürer; S. 42, Kaiser-Wilh.-Gedächtniskirche © A. Dressler; S. 53, T4-0005 © GEMS; S. 64, Frau mit Rucksack; S. 65, Lerchenstärling © FPG; S. 71, Müllhalde; S. 77, Storch, Feldlerche, Gartenrotschwanz, Sperber; S. 80, Hase, Löwe, Afr. Elefant, Eisbär; S. 80, Blauwal © VCL; S. 89, Blauwal © VCL; S. 89, Thunfisch © VCL; S. 90 und 91, Flugzeug; S. 3, 110 und 111, Sternenhimmel; S. 106, Schwarzw. Kaltblut
**MAURITIUS Die Bildagentur GmbH**: S. 6, Goldhamster © Reinhard; S. 12, Fürth © Hans Schmied; S. 12, Ottobeuren © Klammet + Aberl; S. 12, Irslingen © Storck; S. 49, Semper Oper © AGE Kat.; S. 49, Sizilien © AGE Kat.; S. 62, Paar liest Broschüre © AGE Kat.; S. 64, Concorde d. Br. Airways © Photo Library; S. 65, Amsel © Reinhard; S. 65, Zaunkönig © Reinhard; S. 77, Schwalbe © Reinhard; S. 78, Fliege © AGE; S. 78, Schwalbe © SST; S. 79, Harzer Brocken © Hänel; S. 89, Pinguin © Lacz; S. 89, Schwertfisch © Kopp; S. 106, Süddt. Kaltblut © Manus
**Deutsche Lufthansa AG**: S. 63, Boeing 747, Airbus A 340 © Gerd Rebenich
**Gerd Penner**: S. 80, Fuchs, Reh © Gerd Penner
**Kresse & Discher**: S. 40, Großbäckerei © K & U Stadtbäckerei, Neuenburg

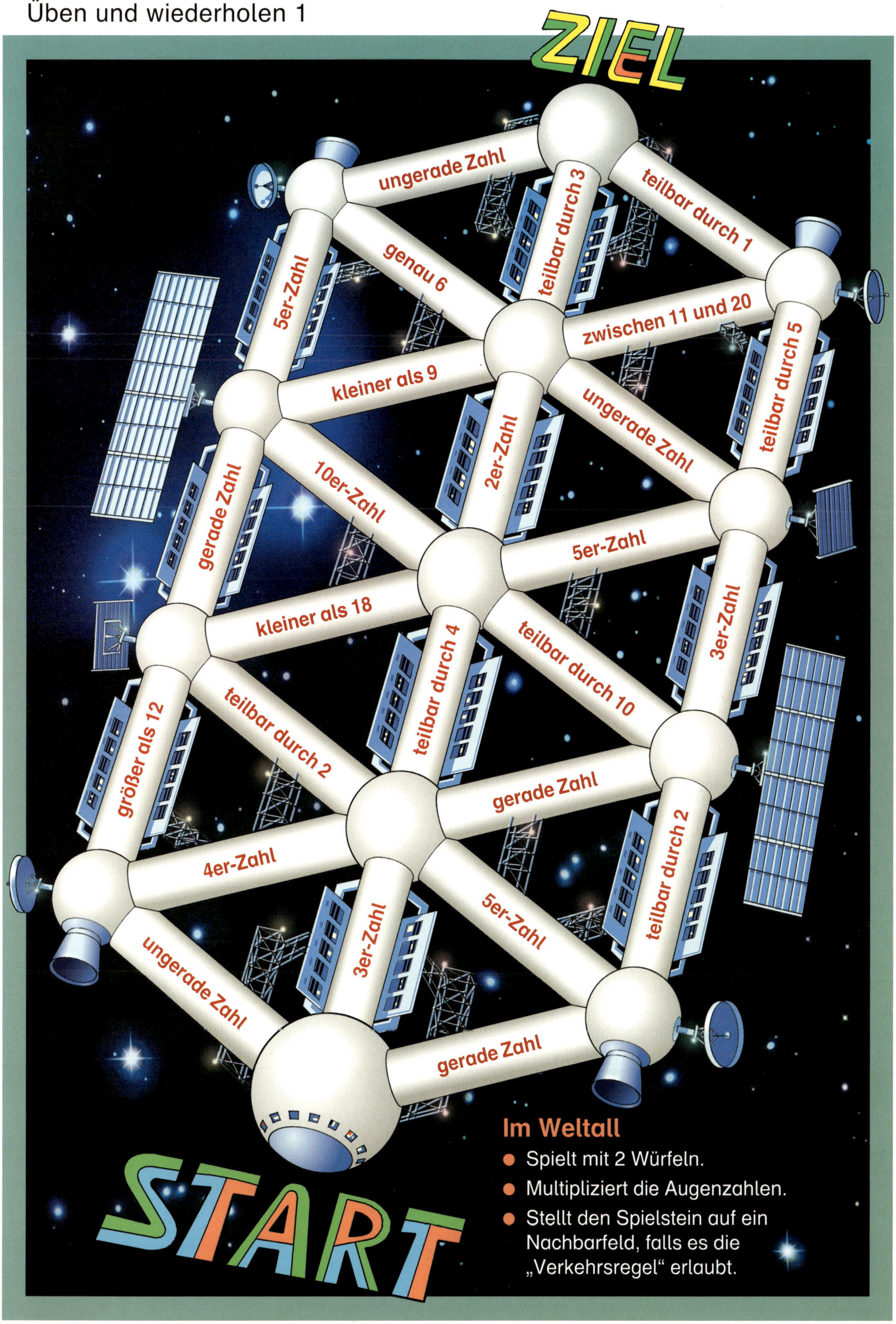


## Im Weltall

- Spielt mit 2 Würfeln.
- Multipliziert die Augenzahlen.
- Stellt den Spielstein auf ein Nachbarfeld, falls es die „Verkehrsregel“ erlaubt.

Spiel 8
Einmaleinsspiel

| 0 |
|---|

| | | | | | | | | | |
|---|---|---|---|---|---|---|---|---|---|
| 1 | 2 | 3 | 4 | 5 | 6 | 7 | 8 | 9 | 10 |
| 11 | 12 | 13 | 14 | 15 | 16 | 17 | 18 | 19 | 20 |
| 21 | 22 | 23 | 24 | 25 | 26 | 27 | 28 | 29 | 30 |
| 31 | 32 | 33 | 34 | 35 | 36 | 37 | 38 | 39 | 40 |
| 41 | 42 | 43 | 44 | 45 | 46 | 47 | 48 | 49 | 50 |
| 51 | 52 | 53 | 54 | 55 | 56 | 57 | 58 | 59 | 60 |
| 61 | 62 | 63 | 64 | 65 | 66 | 67 | 68 | 69 | 70 |
| 71 | 72 | 73 | 74 | 75 | 76 | 77 | 78 | 79 | 80 |
| 81 | 82 | 83 | 84 | 85 | 86 | 87 | 88 | 89 | 90 |
| 91 | 92 | 93 | 94 | 95 | 96 | 97 | 98 | 99 | 100 |

**Zu diesem Spiel gehören:**
2 Würfel, Spielsteine,
für jeden Spieler in einer anderen Farbe

**Spielregel:**
Würfeln, Augenzahlen multiplizieren,
Spielstein setzen

## Einmaleinsspiel

**Spielregel**

- Würfeln
- Augenzahlen multiplizieren
- Spielstein setzen

## Tabellenrechnen mit Kontrolle

**Spielregel**

- Zeichne die Tabellen und trage die Ergebnisse ein.
- Kennzeichne aus jeder Reihe und jeder Spalte eine Zahl.
- Addiere diese 3 Zahlen.
- Kennzeichne mit anderer Farbe wieder aus jeder Reihe und jeder Spalte eine Zahl und addiere diese Zahlen.
- Addiere die restlichen 3 Zahlen.
- Vergleiche die Ergebnisse.

1

| + | 3 | 30 | 300 |
|---|---|---|---|
| 198 | 201 | | |
| 129 | | | |
| 276 | | | |

2

| – | 4 | 50 | 200 |
|---|---|---|---|
| 402 | | | |
| 281 | | | |
| 305 | | | |

3

| – | 50 | 100 | 120 |
|---|---|---|---|
| 600 | | | |
| 250 | | | |
| 128 | | | |

4

| – | 40 | 60 | 80 |
|---|---|---|---|
| 120 | | | |
| 240 | | | |
| 360 | | | |

5

| + | 10 | 120 | 150 |
|---|---|---|---|
| 48 | | | |
| 17 | | | |
| 99 | | | |

6

| + | 7 | 70 | 300 |
|---|---|---|---|
| 300 | | | |
| 78 | | | |
| 186 | | | |

7

| – | 8 | 80 | 101 |
|---|---|---|---|
| 501 | | | |
| 199 | | | |
| 407 | | | |

8

| – | 9 | 99 | 75 |
|---|---|---|---|
| 100 | | | |
| 300 | | | |
| 750 | | | |

**Sandra:**

| | |
|---|---|
| 250,00 € | 111,00 € |
| − 139,00 € | − 19,00 € |
| 1 | 1 1 |
| 111,00 € | 92,00 € ✓ |

**Mario:**

| | |
|---|---|
| 139,00 € | 250,00 € |
| + 19,00 € | − 158,00 € |
| 1 | 1 1 |
| 158,00 € | 92,00 € ✓ |

**Lea:**

| |
|---|
| 250,00 € |
| − 139,00 € |
| − 19,00 € |
| 1 2 |
| 92,00 € ✓ |

(1) Ilka hebt von ihrem Sparbuch 250 € ab. Sie kauft einen Radiorekorder für 139 € und fünf Kassetten für insgesamt 19 €.

Rechne auf eine der drei Arten. Vergiss die Kontrolle nicht.

| | | |
|---|---|---|
| (2) 832 – 367 – 218 | (6) 700 – 217 – 103 | (10) 1 000 – 287 – 508 – 43 – 66 |
| (3) 995 – 57 – 876 | (7) 922 – 666 – 206 | (11) 721 – 49 – 355 – 27 – 111 |
| (4) 956 – 139 – 763 | (8) 847 – 753 – 93 | (12) 999 – 419 – 87 – 234 – 13 |
| (5) 533 – 168 – 200 | (9) 820 – 308 – 166 | (13) 1 000 – 187 – 65 – 531 – 217 |

(14) Frau Hedi hat auf ihrem Sparkonto 938 €.
Sie hebt im September 250 € und im Oktober 370 € ab.

(15) Mutter hat 196 € und 73 ct dabei.
Sie kauft beim Bäcker für 6,40 € und im Supermarkt für 42,93 € ein.

(16) Klaus hat am 1. Juni 216,37 € auf seinem Sparbuch.
Am 15. Juni bezahlt er 180 € ein. Im Juli hebt er 50 €, im August 170 € ab.

(17) Die Geschwister Jürgen und Ulla fahren mit ihren Eltern ins Phantasialand.
Mutter nimmt 300 € mit. Die Kosten:
Eintritt pro Person 19 €, Fahrt insgesamt 87,50 €, Essen und Trinken 59,43 €.

(18) Familie Ketterer kauft einen Hund.
Sie hat dafür 500 € gespart.
So viel bezahlt die Familie:
Anschaffung 275 €,
Körbchen 49,90 €,
Leine, Futternapf u. a. 87,50 €.

(19) Auch Frau Müller wünscht sich einen Hund. Sie hat dafür 400 € gespart.
Für den kleinen Mischling aus dem Tierheim bezahlt sie 80 €.
Außerdem kauft sie einen Hundekorb für 62 €, eine Leine für 26,90 €, einen Futternapf für 9,95 € und eine Bürste für 4,95 €.

Weitere Übungsaufgaben auf Seite 112.

S.6, Nr. 1

| Nelken | Preis in € |
|---|---|
| 7 | 2,80 |
| 1 | |
| 2 | |
| 5 | |
| 10 | |
| 12 | |

:7 :7

1 7 Nelken kosten 2,80 €.
Wie viel kostet 1 Nelke, wie viel kosten 2, 5, 10, 12 Nelken?

2 200 g Wurst kosten 1,40 €. Wie viel kosten 100 g, 250 g, 500 g und 1 kg?

3 6 Flaschen Wein kosten 36 €.
Frau Hauser kauft 10 Flaschen.

4 Herr Matz bezahlt im Gasthaus „Sonne“ für 7 Übernachtungen 350 €. Herr Lau bleibt 9 Tage.

5 300 g Salami kosten 3,99 €.
Rita kauft 1 kg.

6 Ein Maulwurf wiegt rund 70 g. Er frisst täglich das Doppelte seines Gewichtes.
a) Wie viel Gramm frisst er an einem Tag?
b) Wie viel frisst er in 2, 3, 4 Tagen und in einer Woche?

8 Pias Goldhamster bekommt wöchentlich 140 g Körner.
Wie viel Futter benötigt er pro Tag und in einem Monat (30 Tage)?

7 Eine große Spinne wiegt 1 g. Sie frisst täglich das 20fache ihres Gewichtes. Wie viel ist das an einem Tag, in 2, 4, 5 und 7 Tagen?

9 Wie viel müsstest du täglich essen, wenn du den Hunger eines Maulwurfes oder einer Spinne hättest?

Erfinde noch einige passende Aufgaben dazu.

| (10) | (11) | (12) | (13) |
|---|---|---|---|
| 3 · 7 | 9 · 4 | 6 · 8 | 5 · 10 |
| 3 · 70 | 9 · 40 | 60 · 8 | 50 · 10 |
| 3 · 17 | 9 · 14 | 16 · 8 | 15 · 10 |
| 3 · 107 | 9 · 104 | 106 · 8 | 105 · 10 |
| 3 · 170 | 9 · 114 | 116 · 8 | 150 · 10 |

S. 7, Nr. 1

20.56 Uhr —2 h→ □ Uhr —48 min→ □ Uhr

Das Flugzeug landet um □.

Überlege zuerst die Frage.

① Ein Flugzeug startet um 20.56 Uhr. Der Flug dauert 2 Stunden und 48 Minuten.

② Die Fernsehsendung „Brummi kommt“ beginnt um 17.45 Uhr und dauert 53 Minuten.

③ Die Wanderung beginnt um 14.50 Uhr. Sie dauert 3 Stunden und 30 Minuten.

④ Am Freitag endet Susis Unterricht um 12.05 Uhr. Er dauert 4 Stunden 20 Minuten.

⑤ Ein Monteur ist mit einer Reparatur um 12.30 Uhr fertig. Als Arbeitszeit schreibt er 3 Stunden und 45 Minuten auf.

S. 7, Nr. 6

5.50 Uhr —10 min→ □ Uhr —□ h □ min→

□ h □ min

Die Sonne scheint □ h □ min.

⑥ An einem Tag im Mai geht die Sonne um 5.50 Uhr auf und um 20.49 Uhr unter.

⑦ Mutter geht um 7.30 Uhr zur Arbeit und kommt um 12.30 Uhr wieder nach Hause.

⑧ Sirus sitzt von 15.10 Uhr bis 16.30 Uhr an seinen Hausaufgaben.

⑨ Eine Reisegesellschaft beginnt die Busfahrt um 6.15 Uhr. Um 16.25 Uhr ist sie am Ziel. Die Pausen dauern 2 Stunden.

Rechne schriftlich. Kontrolliere!

⑩
4,50 m + 275 cm + 47 cm
3,76 m + 142 cm + 18 cm
8,19 m + 81 cm + 355 cm
1,73 m + 827 cm + 25 cm

⑪
910 cm – 4,99 m
706 cm – 5,78 m
834 cm – 7,99 m
412 cm – 0,87 m

⑫
1 kg 100 g – 325 g – 286 g
1 kg 216 g – 436 g – 19 g
1 kg 39 g – 888 g – 124 g
1 kg 6 g – 357 g – 98 g

| A | B | C | D |
|---|---|---|---|
| 1,99 | 395,– | 3,33 | 397,– |
| 3,99 | 86,– | 12,99 | 192,– |
| 4,49 | 27,90 | 0,99 | 95,90 |
| 7,59 | 178,– | 6,49 | 148,50 |
| 16,00 | | 4,29 | |

686,90 | 710,50 | 31,00 | 833,40 | 34,06 | 28,09

(1) Welche Summe stimmt? Rechne im Kopf mit gerundeten Zahlen.

S.8, Nr. 2

Ü: 3 · 3€ = 9€

3 · 2,59€ = 7,77€ ✓

```
  600
+ 150
+  27
-----
  777
```

Rechne zuerst mit gerundeten Preisen (Ü).
Vergiss die Kontrolle nicht.

(2) 3 kg Trauben
(3) 5 kg Trauben
(4) 2 Stück Ananas
(5) 4 Stück Ananas

(6) 6 kg Bananen, bezahlt mit 50 €.
(7) 300 g Salami, bezahlt mit 20 €.

(8) 2 Packungen Pizza, 1 kg Hackfleisch, bezahlt mit 50 €.
(9) 2 kg Hackfleisch, 400 g Salami, bezahlt mit 100 €.
(10) Erfinde weitere Aufgaben.

Rechne in Zerlegungstabellen.

11 13 · 8

| · | 8 |
|---|---|
| 10 | 80 |
| 3 | ? |
| 13 | ? |

12 5 · 137

| · | 100 | 30 | 7 | 137 |
|---|---|---|---|---|
| 5 | 500 | 150 | ? | ? |

13 14 · 6
14 12 · 8
15 19 · 7

16 5 · 148
17 4 · 139
18 6 · 153

19 12 · 34
20 18 · 56
21 17 · 78

(1) Berechne jeweils den Preis für 1 Stück, 1 m, 1 kg, 1 Tag.

| | | | | | |
|---|---|---|---|---|---|
| (2) 16 : 4 | (3) 18 : 6 | (4) 40 : 8 | (5) 40 : 2 | (6) 56 : 7 | (7) 90 : 10 |
| 160 : 4 | 180 : 6 | 400 : 8 | 400 : 2 | 560 : 7 | 900 : 10 |
| 160 : 40 | 180 : 60 | 400 : 80 | 400 : 20 | 560 : 70 | 900 : 100 |
| 176 : 4 | 186 : 6 | 800 : 8 | 480 : 2 | 581 : 7 | 980 : 10 |
| (8) 35 : 5 | (9) 54 : 9 | (10) 27 : 3 | (11) 42 : 7 | (12) 70 : 10 | (13) 4 : 4 |
| 350 : 5 | 540 : 9 | 270 : 3 | 420 : 7 | 700 : 10 | 40 : 4 |
| 350 : 50 | 540 : 90 | 270 : 30 | 420 : 70 | 700 : 100 | 400 : 4 |
| 385 : 5 | 567 : 9 | 294 : 3 | 483 : 7 | 750 : 10 | 444 : 4 |

(14) Erfinde und rechne weitere Reihen wie bei den Aufgaben Nr. 2 bis 13.

S.9, Nr. 15

90 : 7 = 12 R6 ✓

70 : 7 = 10
20 : 7 = 2 R6 K: 12 · 7 + 6 = 90

| | | | | | |
|---|---|---|---|---|---|
| (15) 90 : 7 | (18) 58 : 5 | (21) 100 : 8 | (24) 75 : 6 | (27) 119 : 10 | (30) 125 : 9 |
| (16) 100 : 7 | (19) 62 : 5 | (22) 150 : 8 | (25) 100 : 6 | (28) 136 : 10 | (31) 135 : 9 |
| (17) 120 : 7 | (20) 74 : 5 | (23) 126 : 8 | (26) 118 : 6 | (29) 154 : 10 | (32) 172 : 9 |

Rechne soweit du kannst. Fertig, los!

| | | | | |
|---|---|---|---|---|
| (33) 1 · 7 | (34) 10 · 3 | (35) 4 · 9 | (36) 6 · 10 | (37) 1 · 60 + 5 |
| 2 · 7 | 20 · 3 | 4 · 19 | 6 · 20 | 2 · 60 + 10 |
| 4 · 7 | 30 · 3 | 4 · 29 | 6 · 40 | 3 · 60 + 15 |
| 8 · 7 | 40 · 3 | 4 · 39 | 6 · 80 | 4 · 60 + 20 |
| … | … | … | … | … |

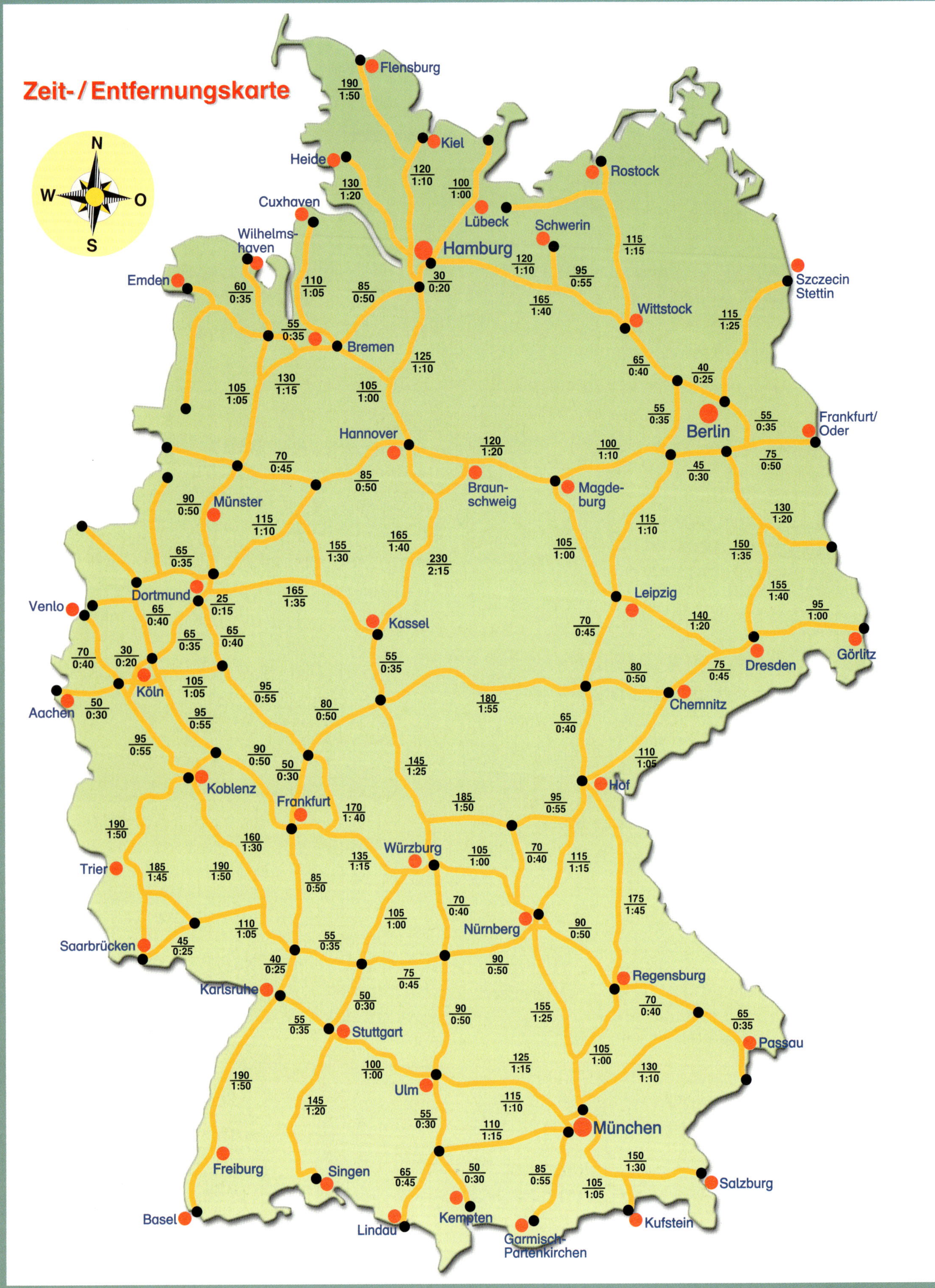
Zeit- / Entfernungskarte
N
O
S
W
Flensburg
Kiel
Heide
Cuxhaven
Lübeck
Rostock
Schwerin
Wilhelms-
haven
Hamburg
Emden
Szczecin
Stettin
Bremen
Wittstock
Berlin
Frankfurt/
Oder
Hannover
Braun-
schweig
Magde-
burg
Münster
Dortmund
Venlo
Leipzig
Kassel
Dresden
Görlitz
Köln
Aachen
Chemnitz
Koblenz
Hof
Frankfurt
Trier
Würzburg
Nürnberg
Saarbrücken
Regensburg
Karlsruhe
Stuttgart
Passau
Ulm
München
Freiburg
Singen
Salzburg
Basel
Lindau
Kempten
Kufstein
Garmisch-
Partenkirchen

① Wo könnte dieses Schild stehen?

Berechne die Entfernungen und die Fahrzeiten. Rechne zu den ●, die am nächsten bei der Stadt sind.

② Hannover – Leipzig
③ Rostock – Schwerin
④ Lindau – Würzburg
⑤ Stuttgart – Nürnberg
⑥ Karlsruhe – München
⑦ Hamburg – Rostock

Suche jeweils zwei Strecken. Berechne die Unterschiede. (Strecken und Zeit)

⑧ Magdeburg – Dresden
⑨ Karlsruhe – Nürnberg
⑩ Dortmund – Hannover
⑪ Kassel – Leipzig

⑫ Erfinde weitere Aufgaben mit Autobahnstrecken in deiner Nähe.

Zu jeder Aufgabe: Mehrere Fragen, mehrere Antworten.

⑬ Claudio fährt von Stuttgart aus in östlicher Richtung. Nach 225 km ist er am Ziel.

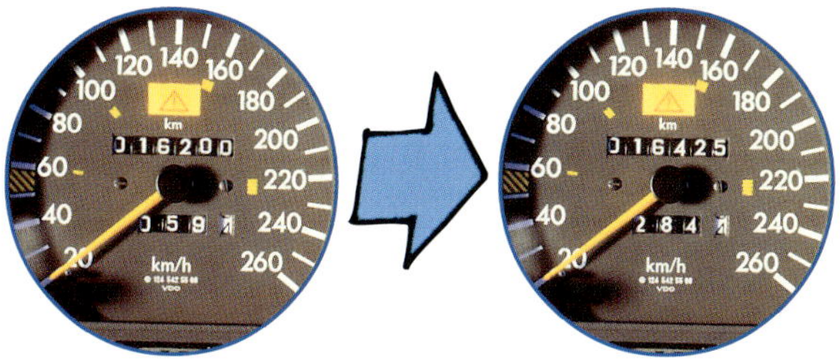


⑭ Frau Lorenz kommt nach einer Fahrt von 245 km in Singen an.

⑮ Herr Matt fährt um 7.30 Uhr von Kassel aus in nördliche Richtung. Er ist nach 2 h 40 min am Ziel.

⑯ Frau Lustig kommt um 19.00 Uhr in Hamburg an. Seit 17.30 Uhr war sie auf der Autobahn.

⑰ Jens startet um 8.00 Uhr in Rostock. Unterwegs macht er 30 Minuten Pause. Nachdem er 280 km gefahren ist, hat er sein Ziel erreicht.

⑱ Frau Flott fährt täglich von Karlsruhe nach Stuttgart zur Arbeit. Sie arbeitet an 5 Tagen in der Woche. Ihr Pkw braucht für 100 km 8 Liter Benzin.

⑲ Pia fährt um 7 Uhr von Saarbrücken nach Karlsruhe. Um 17 Uhr fährt sie wieder zurück. Pro Kilometer werden ihr 30 ct Fahrtkosten erstattet.

⑳ Erfinde weitere Aufgaben.

# Kleine und große Zahlen

① Die Fotos zeigen eine Kleinstadt, ein Zweifamilienhaus, ein Dorf, einen Wohnblock und eine Großstadt.
Welche Zahlenangaben könnten passen:
10 Menschen, 100 Menschen, 1 000 Menschen, 10 000 Menschen, 100 000 Menschen?

a

b

c

d

e

② Was kostet ungefähr so viel? Ordne richtig zu.

f

100 000 €

g

10 €

h

100 €

i

1 000 €

j

10 000 €

k

1 €

# Große Zahlen darstellen

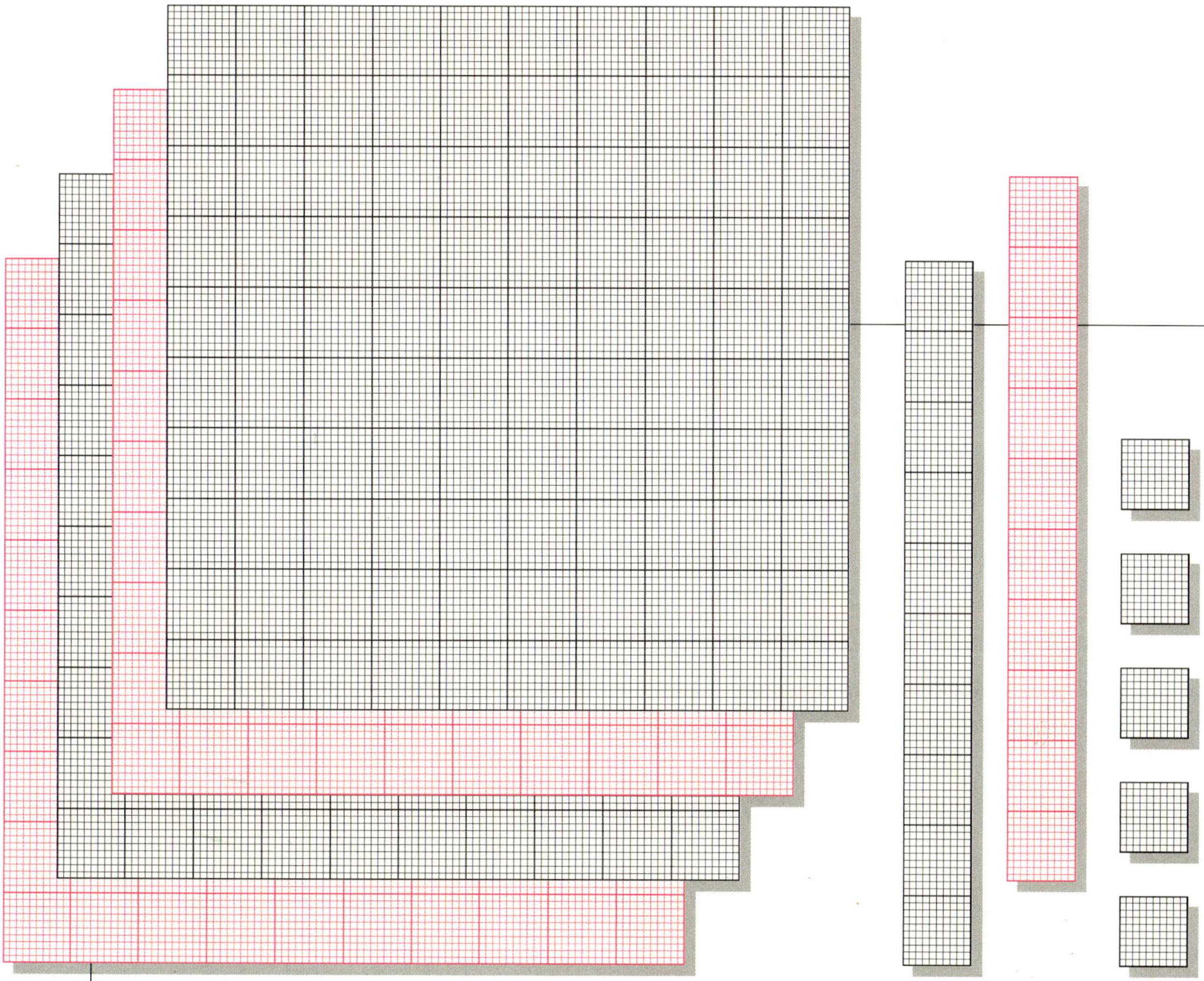

① Welche Zahl ist hier mit Millimeterpapier dargestellt?
Findet ihr Regeln, die das Zählen der kleinen Quadrate erleichtern?

② Stellt mit Millimeterpapier große Zahlen dar (Beilagen 1 und 2).

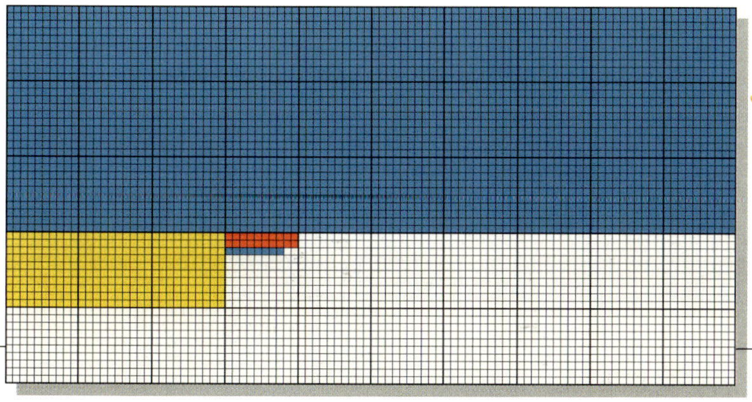

③ Welche Zahl ist hier auf Millimeterpapier dargestellt?

Stelle die folgenden Zahlen durch Färben auf Millimeterpapier dar (Kopiervorlage).

④ 9 845 ⑤ 4 333 ⑥ 3 970 ⑦ 1 093 ⑧ 5 716 ⑨ 2 408 ⑩ 3 211

# Bündelungsregeln für große Zahlen

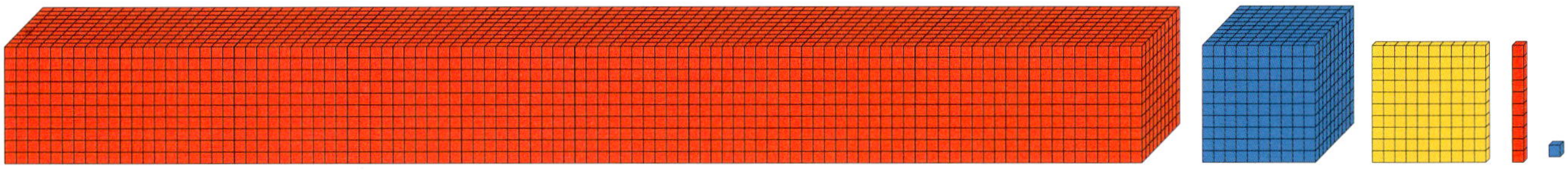

① Wie viele einzelne Würfel sind enthalten
a) im roten Turm, b) in der gelben Mauer, c) im blauen Würfel,
d) in der roten Stange, e) in der gelben Platte (Abbildung E)?
Wie viele einzelne Würfel sind es zusammen?

② Erkläre die Abbildung so:
10 Einer ergeben einen Zehner, 10 Zehner ergeben …
Oder umgekehrt:
In einem Hunderttausender sind ... enthalten, in einem Zehntausender ...

③ Welche Zahlen sind dargestellt?

**A**

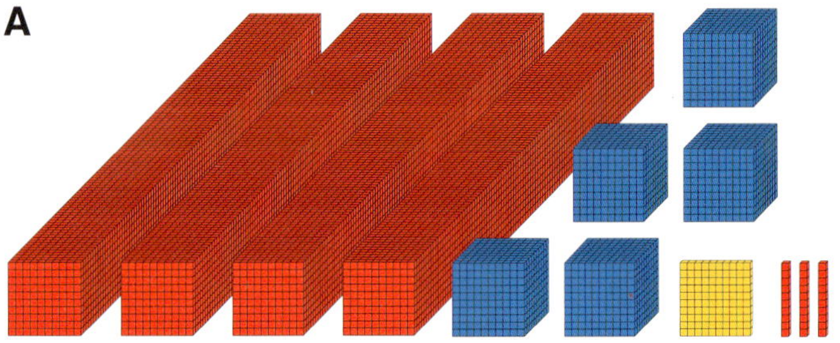

**B**

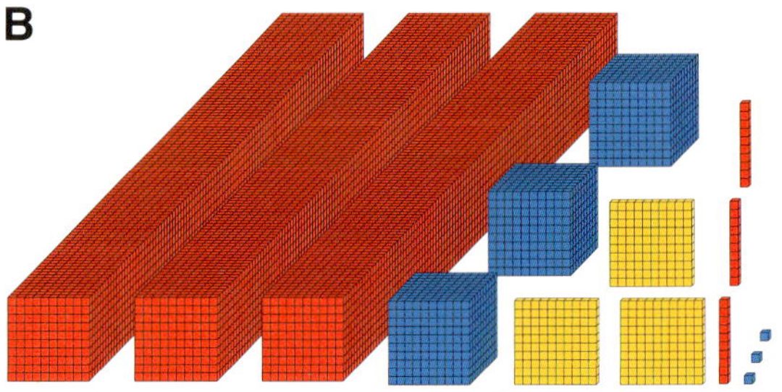

**C**

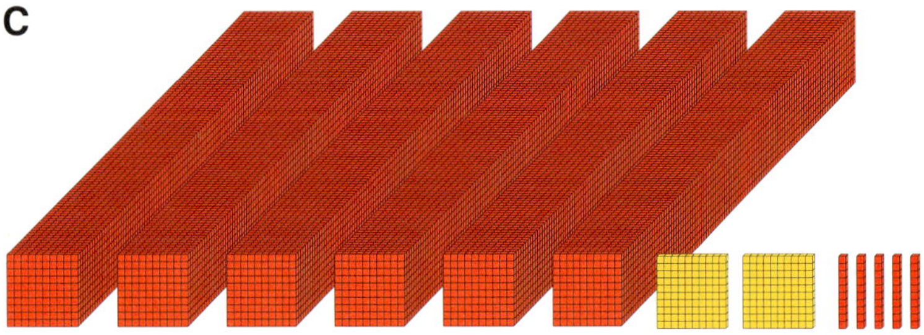

**D**

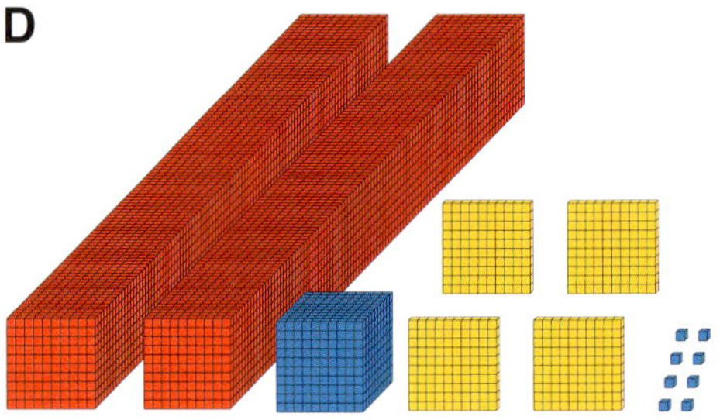

**E**

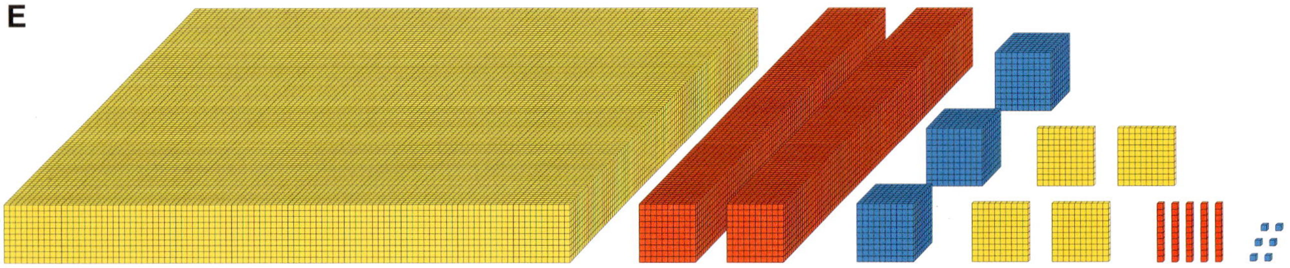

Rechne soweit du kannst. Fertig, los!

| ④ | ⑤ | ⑥ | ⑦ | ⑧ |
|---|---|---|---|---|
| 700 + 10 | 500 – 1 | 5 · 7 | 24 : 4 | 480 : 2 |
| 698 + 20 | 505 – 11 | 5 · 17 | 44 : 4 | 460 : 2 |
| 696 + 40 | 510 – 21 | 5 · 27 | 64 : 4 | 440 : 2 |
| 694 + 80 | 515 – 31 | 5 · 37 | 84 : 4 | 420 : 2 |
| … | … | … | … | … |

# Bündelung und Stellenwert

(1) Lies die Zahlen. Schreibe sie dann nach der Größe geordnet auf.

| | HT | ZT | T | H | Z | E |
|---|---|---|---|---|---|---|
| a) | | 1 | 3 | 7 | 4 | 0 |
| b) | | | 8 | 2 | 1 | 8 |
| c) | | 6 | 0 | 5 | 7 | 2 |
| d) | | 8 | 6 | 5 | 7 | 2 |
| e) | 1 | 0 | 0 | 0 | 0 | 0 |

| | HT | ZT | T | H | Z | E |
|---|---|---|---|---|---|---|
| f) | | 4 | 9 | 0 | 0 | 9 |
| g) | | | | 8 | 0 | 8 |
| h) | | 7 | 7 | 7 | 7 | 7 |
| i) | 1 | 5 | 0 | 3 | 5 | 0 |
| j) | 2 | 3 | 1 | 9 | 8 | 6 |

Schreibe die Zahlen auf. Vergiss die Null nicht.

(2) 8 T + 5 H + 7 E

(3) 1 ZT + 7 H + 2 E

(4) 8 T + 5 Z + 5 E

(5) 7 T + 9 Z + 1 E + 5 ZT

(6) 7 ZT + 4 T + 9 H + 2 E

(7) 6 E + 5 ZT + 3 Z + 8 T

(8) 6 T + 5 H + 3 E + 8 ZT + 2 HT

(9) 6 Z + 5 T + 3 ZT + 8 H + 1 HT

(10) 1 E + 1 H + 1 ZT + 1 HT + 1 Z

S. 15, Nr. 11

37 800 = 30 000 + 7 000 + 800

37 800 = 3 ZT + 7 T + 8 H

(11) 37 800
(12) 11 100
(13) 99 999

(14) 90 200
(15) 46 000
(16) 7 694

(17) 60 606
(18) 8 199
(19) 80 603

(20) 6 789
(21) 30 000
(22) 75 080

(23) 168 400
(24) 124 700
(25) 210 001

Schreibe in eine Stellenwerttabelle.

(26) siebentausendvierhundertzwölf

(27) viertausendsechsundzwanzig

(28) sechstausendzweihundertneun

(29) dreiundsechzigtausenddreihundert

(30) eintausendsechshundertvierzig

(31) achtzigtausendsiebenhundertzehn

(32) vierzehntausendvier

(33) einhundertdreißigtausend

(34) zweiundneunzigtausenddrei

(35) fünfundsiebzigtausendachtundachtzig

Bilde jeweils die kleinste und die größte Zahl. Verwende jede Ziffer nur einmal.

(36) 5, 1, 6

(37) 3, 8, 1, 4

(38) 2, 4, 6, 8, 9

(39) 5, 3, 1, 9, 8, 6

3 5 4 1

(40) Bilde alle möglichen vierstelligen Zahlen. Verwende jede Ziffer für jede Zahl nur einmal.

## Übungen am Zahlenstrahl

Übungen zu jedem Zahlenstrahl:

a) Zahlen aufschreiben, die bei den roten Punkten stehen müssten.

b) Zahlen aufschreiben, die bei den Büroklammern stehen müssten.

1 Tausenderschritte

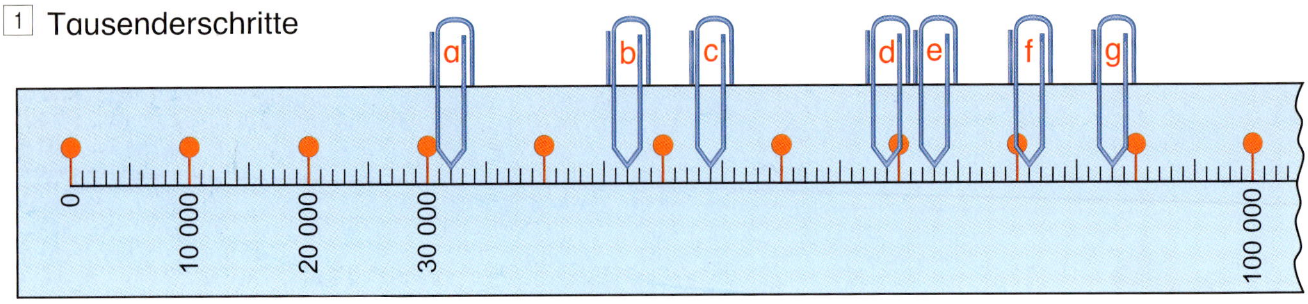


2 Hunderterschritte

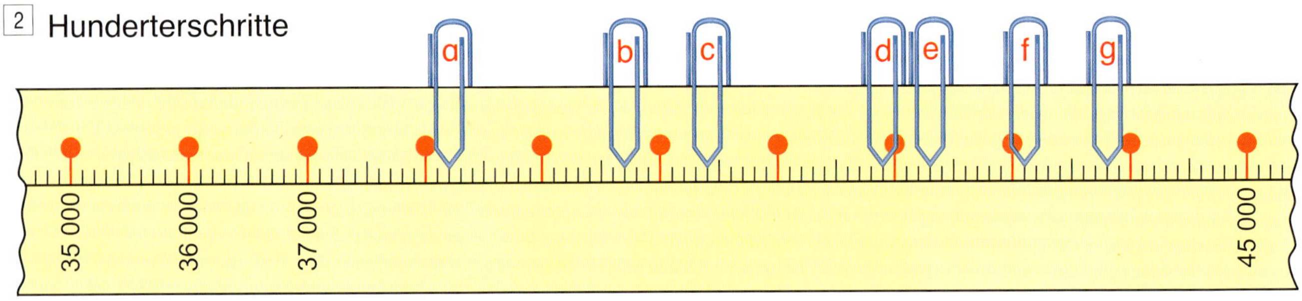


3 Zehnerschritte

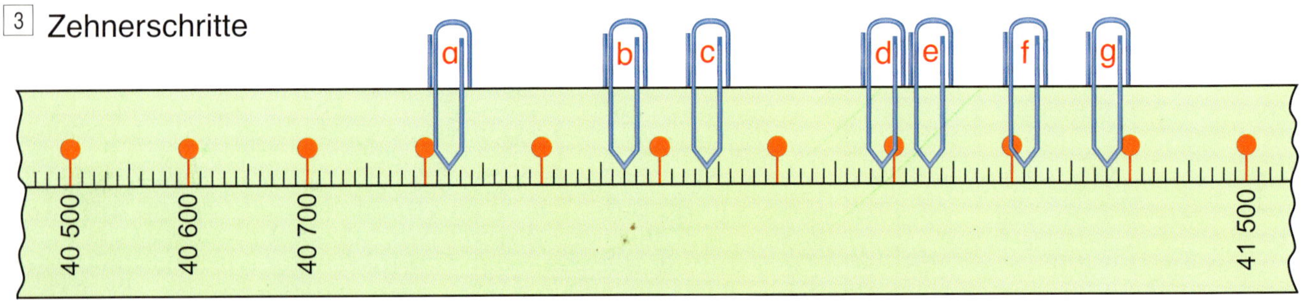


4 Einerschritte

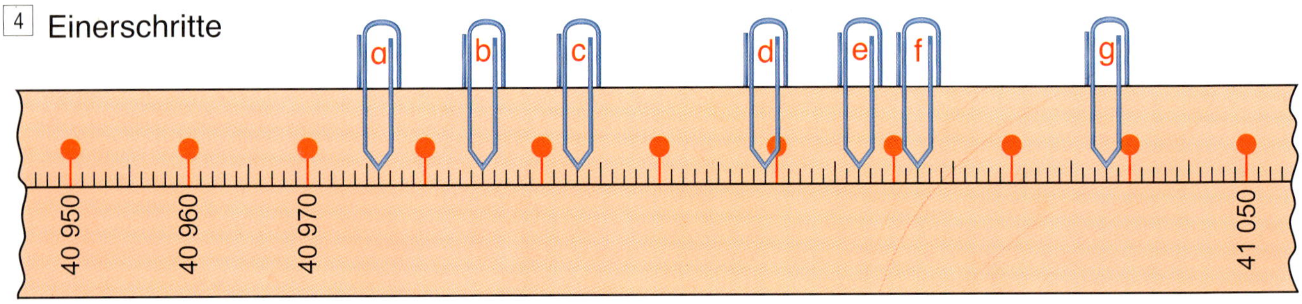

Trage die Zahlen jeweils an einem Zahlenstrahl ein.

| | | |
|---|---|---|
| 5 | Tausenderschritte: | 23 000, 35 000, 41 000, 56 000, 62 000, 78 000, 84 000 |
| 6 | Hunderterschritte: | 79 300, 80 100, 81 900, 83 400, 84 600, 85 200, 86 500 |
| 7 | Zehnerschritte: | 56 370, 56 420, 56 680, 56 790, 56 830, 56 940, 57 010 |
| 8 | Einerschritte: | 98 965, 98 978, 98 989, 98 996, 99 004, 99 011, 99 027 |

# Vorgänger und Nachfolger – Zahlenfolgen

S.17, Nr. 1

| Vorgänger | Zahl | Nachfolger |
|---|---|---|
| 454 | 455 | 456 |
| 6454 | 6455 | |
| | 10855 | |

Schreibe jede Zahl mit Vorgänger und Nachfolger auf.

| 1 | 2 | 3 | 4 | 5 | 6 |
|---|---|---|---|---|---|
| 455 | 1 000 | 899 | 30 299 | 6 000 | 999 |
| 6 455 | 10 000 | 27 899 | 42 099 | 16 000 | 9 999 |
| 10 855 | 100 000 | 5 899 | 99 499 | 160 000 | 99 999 |

(7) 4 876, 4 877, 4 878 … bis 4 885
(8) 26 496, 26 497, 26 498 … bis 26 505
(9) 61 993, 61 994, 61 995 … bis 62 002
(10) 20 768, 20 778, 20 788 … bis 20 858
(11) 12 380, 12 480, 12 580 … bis 13 280
(12) 28 438, 29 438, 30 438 … bis 37 438
(13) 50 180, 50 230, 50 280 … bis 50 630

(14) 7 924, 7 923, 7 922 … bis 7 915
(15) 36 006, 36 005, 36 004 … bis 35 997
(16) 49 002, 49 001, 49 000 … bis 48 993
(17) 32 755, 32 745, 32 735 … bis 32 665
(18) 85 709, 85 609, 85 509 … bis 84 809
(19) 49 352, 48 352, 47 352 … bis 40 352
(20) 50 180, 50 160, 50 140 … bis 50 000

Ordne nach der Größe. Zeichen (>)

(21) 26 917, 62 917, 26 719, 62 719, 26 179
(22) 35 678, 36 785, 38 765, 35 876, 38 576
(23) 93 469, 93 649, 93 946, 93 496, 93 964

Ordne nach der Größe. Zeichen (<)

(24) 58 730, 50 873, 58 073, 58 703, 53 078
(25) 66 066, 60 666, 66 606, 66 660, 66 666
(26) 124 683, 142 683, 124 863, 124 386

S.17, Nr. 27

1270 < 1276 < 1280
1200 < 1276 < 1300
1000 < 1276 < 2000

Schreibe zu jeder Zahl die Nachbarzehner, Nachbarhunderter und Nachbartausender.

| | | | | | |
|---|---|---|---|---|---|
| 27 1 276 | 29 3 820 | 31 14 860 | 33 23 570 | 35 58 063 | 37 140 824 |
| 28 2 453 | 30 4 503 | 32 16 092 | 34 34 609 | 36 76 987 | 38 199 000 |

# Heidelberg – Eine der schönsten Städte Deutschlands

① Heidelberg liegt am Neckar, am Fuße des Odenwaldes. Die Stadt liegt 113 Meter über dem Meeresspiegel, die höchste Erhebung, der Königstuhl, liegt 453 m höher.
Den Ort Heidelberg gibt es seit dem Jahre 1196. Im Jahre 2000 hatte Heidelberg 139 359 Einwohner, 65 587 Einwohner waren männlich.

a) Wie alt ist Heidelberg?
b) Wie hoch ist der Königstuhl?
c) Wie viele Einwohner sind weiblich?

② Schulen und Schüler in Heidelberg

| Schulen | Anzahl | Schüler |
|---|---|---|
| Grundschulen | 18 | 4 551 |
| Hauptschulen | 9 | 975 |
| Sonderschulen | 7 | 570 |
| Realschulen | 5 | 1 478 |
| Gymnasien | 11 | 5 776 |
| Sonstige Schulen | | |
| Gesamt | 52 | 15 156 |

a) Berechne die fehlenden Angaben.
b) Berechne Unterschiede zwischen den Schülerzahlen.

③ In Heidelberg leben nicht nur Deutsche, sondern auch viele Menschen aus anderen Ländern.

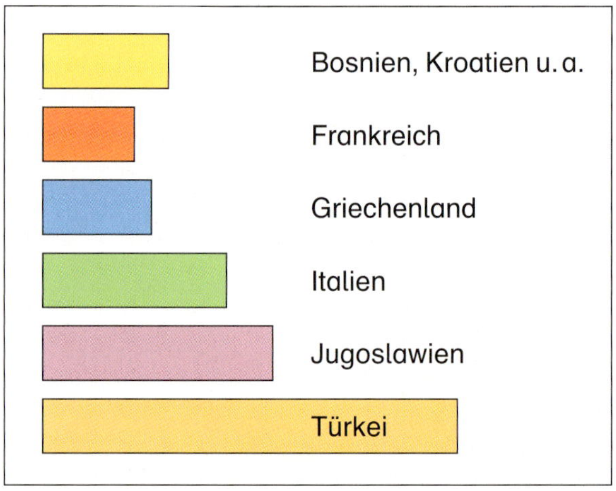


Diese Zahlen gehören zum Balkendiagramm: 599, 712, 823, 1 178, 1 502, 3 692.

a) Wie viele Einwohner kamen aus den aufgeführten Ländern?

Aus anderen Ländern, wie z. B. Österreich, Spanien, Polen … kamen zusätzlich noch 10 618 ausländische Einwohner.

b) Wie viele Einwohner sind Ausländer, wie viele sind Deutsche?

④ Altersgruppen in Heidelberg

| Alter in Jahren | unter 15 | 15 bis 20 | 21 bis 39 | 40 bis 64 | 65 und mehr |
|---|---|---|---|---|---|
| Einwohner | ? | 7 746 | 52 335 | 41 090 | 20 839 |

a) Wie viele Einwohner sind zwischen 15 und 39 Jahre alt?
b) Wie viele Einwohner sind älter als 20 Jahre?
c) Wie viele sind jünger als 15 Jahre?
d) Sind mehr Einwohner jünger oder älter als 40 Jahre?

⑤ Das Heidelberger Schloss ist eine der beliebtesten Sehenswürdigkeiten in Deutschland. Das Schloss wird täglich von rund 3 000 Menschen besucht.
Eine besondere Attraktion ist das Heidelberger Fass, das im Jahre 1750 aus Holz gezimmert wurde. Es fasst 221 726 Liter. Das riesige Fass war nötig, weil die Fürsten mit ihren großen Hofgesellschaften viele Feste feierten. Pro Tag tranken sie 2 000 Liter Wein.

Erfinde Aufgaben. Rechne.

⑥ In welchen Planquadraten liegen
a) Schloss, c) Alte Brücke, e) Stadttheater, g) Marktplatz,
b) Karlstor, d) Rathaus, f) Stadthalle, h) Bismarcksäule?

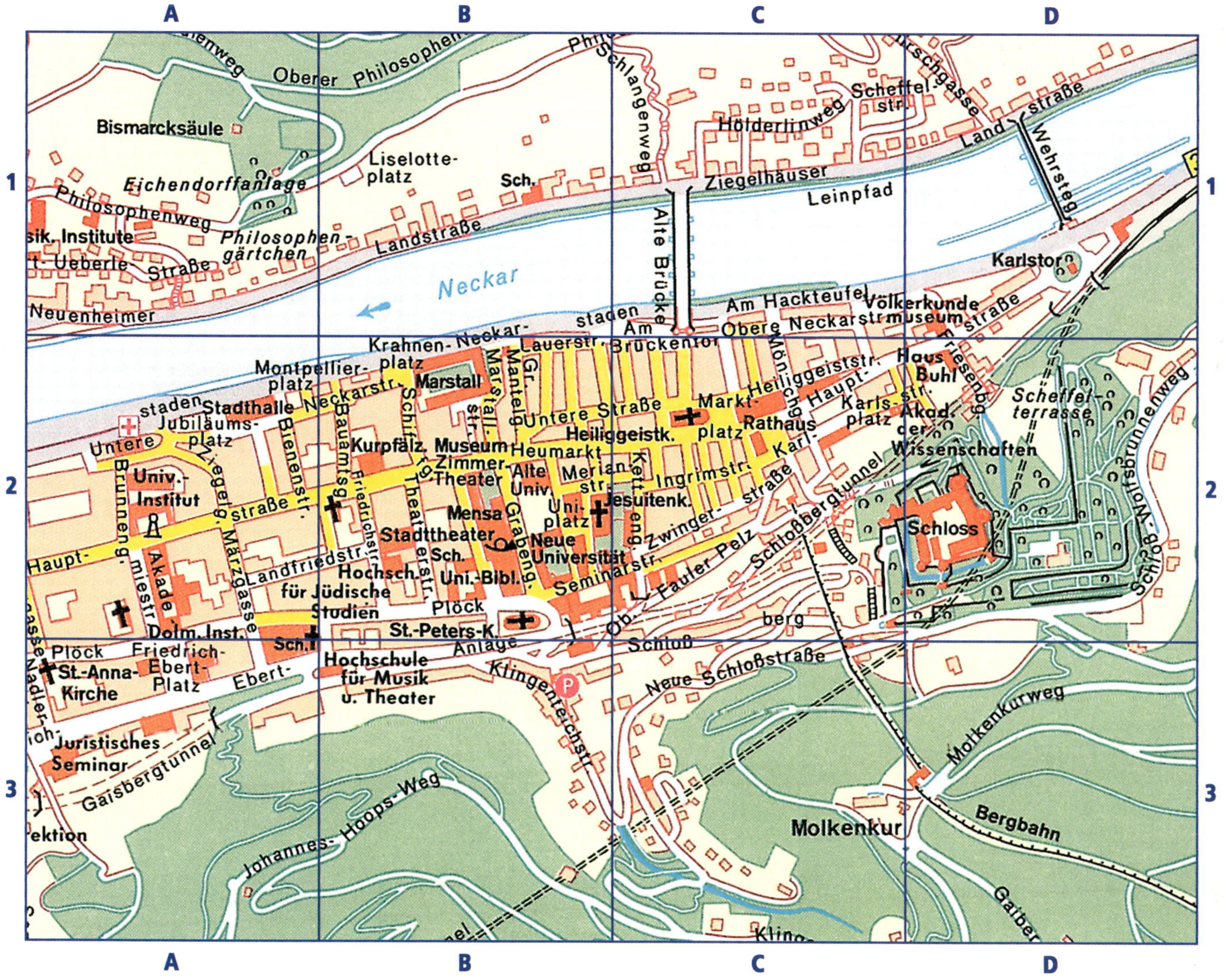


⑦ Besorgt euch Unterlagen über eure Gemeinde.
Erfindet Aufgaben. Zeichnet Diagramme und Tabellen. Rechnet.

# Zahlen runden

① Lotte ist mit ihren Eltern am Wochenende rund 200 km weit gefahren.
Wie lang könnte die genaue Fahrstrecke gewesen sein?
Suche aus den folgenden Größen fünf aus. Begründe.

209 km | 189 km | 2 000 km | 70 km | 620 km | 217 km | 165 km | 120 km | 199 km

**Aufrunden**: Die unterstrichene Ziffer wird um 1 größer, die Ziffern rechts davon werden Null.
**Abrunden**: Die Zahl bleibt bis zur unterstrichenen Ziffer, alle Ziffern rechts davon werden Null.

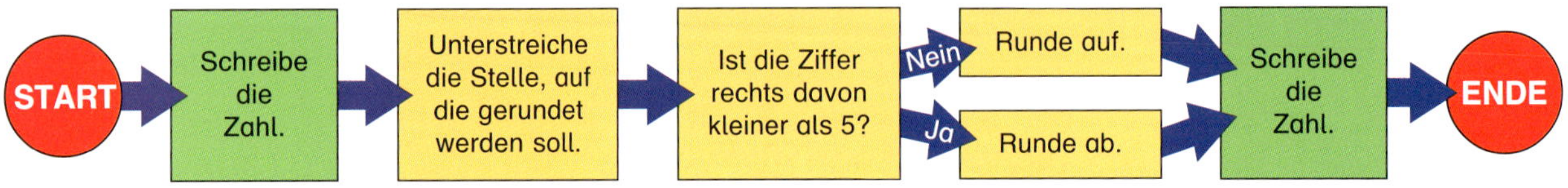


S. 20, Nr. 2
a) 7 6 1 5 ≈ 7 6 0 0
b) 7 6 1 5 ≈ 8 0 0 0

Runde jede Zahl
a) auf volle Hunderter,
b) auf volle Tausender.

② 7 615 ⑤ 25 934 ⑧ 12 627
③ 2 333 ⑥ 8 725 ⑨ 94 080
④ 694 ⑦ 80 463 ⑩ 81 336

Runde jeweils wie angegeben auf ZT, T oder H.

⑪ 76 283 (ZT) ⑮ 90 217 (T) ⑲ 62 000 (T) ㉓ 95 640 (H)
⑫ 33 333 (ZT) ⑯ 77 777 (T) ⑳ 99 500 (T) ㉔ 38 490 (H)
⑬ 19 472 (ZT) ⑰ 86 070 (T) ㉑ 1 999 (T) ㉕ 99 999 (H)
⑭ 105 000 (ZT) ⑱ 113 600 (T) ㉒ 149 237 (T) ㉖ 199 999 (H)

Runde auf volle m.
㉗ 8,36 m ㉚ 36,48 m
㉘ 0,84 m ㉛ 50,93 m
㉙ 6,19 m ㉜ 137,50 m

Runde auf volle €.
㉝ 6,23 € ㊱ 38,09 €
㉞ 92 ct ㊲ 99,99 €
㉟ 0,06 € ㊳ 0,75 €

Runde auf volle km.
㊴ 3 km 954 m ㊷ 18 km 380 m
㊵ 0 km 750 m ㊸ 19 km 800 m
㊶ 6 km 289 m ㊹ 99 km 650 m

Beilagen 3 und 4

# Sachaufgaben – Wichtiges anstreichen, Skizzen zeichnen

Färbe auf dem Arbeitsblatt zuerst alle wichtigen Angaben.
Zeichne dann eine Skizze.

1 Klaus war bei der Geburt 57 cm groß. Nach 3 Jahren war er 39 cm größer. Wie groß war Klaus nach 3 Jahren?

2 Selena war bei der Geburt 56 cm groß. Nach 3 Jahren war sie 1 m groß. Wie viel cm ist sie in 3 Jahren gewachsen?

3 Alexandra war mit 6 Jahren 1,19 m groß. Sie war seit der Geburt 67 cm gewachsen. Wie groß war sie bei der Geburt?

4 Eine Weidefläche, die 130 m lang und 68 m breit ist, soll eingezäunt werden. Der Draht soll zweifach gespannt werden. Für den 2,50 m breiten Eingang wird kein Draht verwendet. Wie viel m Draht werden gebraucht?

5 Frau Maier pflanzt eine Hecke. Der Abstand zwischen der ersten und letzten Pflanze beträgt 10 Meter. Alle 50 cm wird eine Pflanze gesetzt. Wie viele Pflanzen hat sie gesetzt?

6 Bauer Franz will entlang der Straße einen Zaun von 18 m Länge erstellen. Alle 3 m soll ein Pfosten stehen. Wie viele Pfosten benötigt er?

7 Ein Baumstamm ist 8 m lang. Er soll in Stücke von je 2 m Länge zersägt werden. Wie viele Sägeschnitte sind notwendig?

8 Herr Schmidt will seinen Garten einzäunen. Er hat 18 Zaunpfosten einbetoniert. Zwischen 2 Pfosten wird ein Gartentor eingebaut. Wie viele Zaunstücke (jeweils von Pfosten zu Pfosten) muss Herr Schmidt kaufen?

9 Die Städte Seedorf und Langen liegen an den gegenüberliegenden Ufern eines Sees. Auf der 6 km langen Strecke zwischen den beiden Städten verkehren Schiffe. In jeder Stadt steht am Ufer eine Sturmwarnglocke, die 5 km weit zu hören ist. Wie lang ist die Strecke zwischen Seedorf und Langen, auf der beide Glocken zu hören sind?

Rechne soweit du kannst. Fertig, los!

| | | | | |
|---|---|---|---|---|
| (10) 630 + 3 | (11) 330 – 10 | (12) 2 · 7 | (13) 90 : 9 | (14) 20 : 10 |
| 627 + 6 | 332 – 20 | 2 · 14 | 84 : 9 | 19 : 9 |
| 624 + 12 | 334 – 30 | 2 · 21 | 78 : 9 | 18 : 8 |
| 621 + 24 | 336 – 40 | 2 · 28 | 72 : 9 | 17 : 7 |
| … | … | … | … | … |

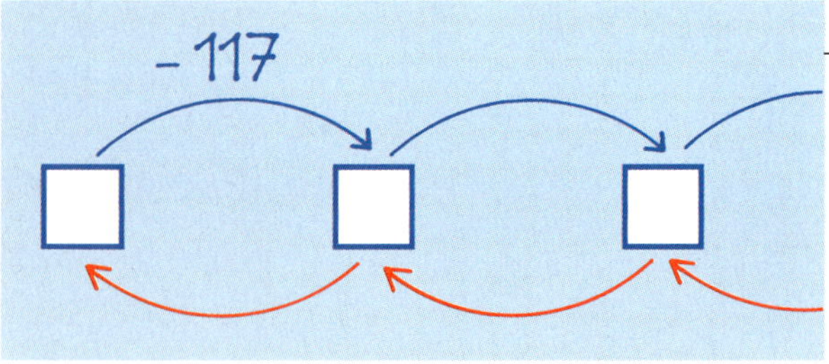


① Subtrahiert man von einer Zahl 117 und multipliziert das Ergebnis mit 9, addiert dann 18 und dividiert durch 5, erhält man die Zahl 9.

② Jan denkt sich eine Zahl. Er addiert zuerst 500, subtrahiert dann 360, dividiert durch 70 und erhält dann 2.

③ Lisa denkt sich eine Zahl. Sie multipliziert mit 3, addiert 52 und multipliziert dann mit 10. Sie erhält 1 000.

④ Schreibe das Zahlenrätsel von Laura auf.

☐ $\xrightarrow{\cdot 5}$ ☐ $\xrightarrow{+70}$ ☐ $\xrightarrow{:2}$ 75

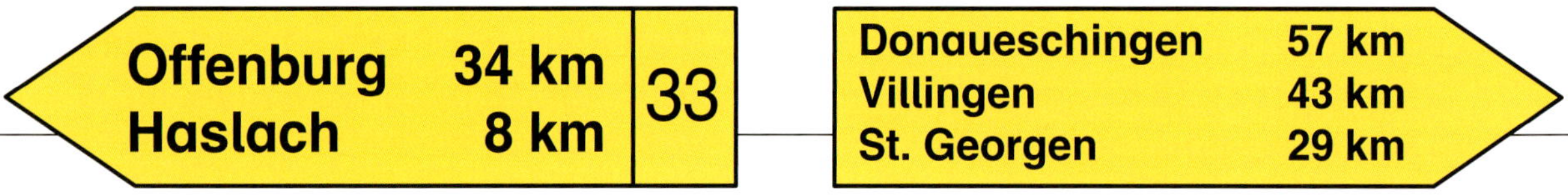


⑤ Berechne alle 10 Entfernungen.

⑥ Frau Laubis fährt wöchentlich fünfmal von Haslach nach Donaueschingen zur Arbeit. Ihr Pkw braucht für 100 km 5 Liter Benzin. 1 Liter Benzin kostet rund 1 €.

⑦ Frau Heidenreich wohnt in Villingen. Sie fährt zweimal pro Woche nach St. Georgen. Für jeden Kilometer bekommt sie 50 ct Fahrtkosten erstattet.

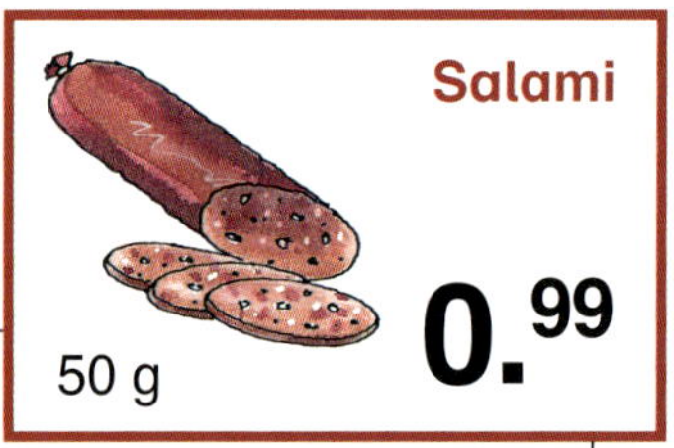


⑧ Frau Kraus kauft 200 g Salami und 450 g Schinken. Sie bezahlt mit 50 €.

⑨ Herr Spitz kauft Schreibwaren für 17,90 €, Zeitschriften für 12 € und Bücher für 43,50 €. Er bekommt 16,60 € zurück.

⑩ Dr. Xaver benötigt täglich noch etwa 4 ½ Stunden für Hausbesuche.

⑪ **4 Zahlen**
ergeben zusammen **99 999**.

Die 4. Zahl ist um 20 000 kleiner als die 3. Zahl.
Die 2. Zahl ist das Doppelte von 5 208.
Die 3. Zahl ist um 10 000 größer als die 2. Zahl.
Die 1. Zahl enthält die Ziffern 1, 5, 6, 7, 8.

1. Zahl: ☐
2. Zahl: ☐
3. Zahl: ☐
4. Zahl: ☐

zusammen 99 999

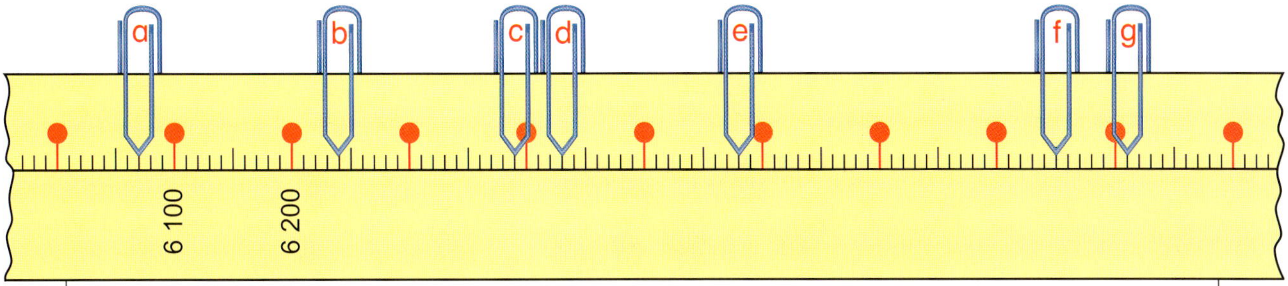


1 Wie heißen die Zahlen, die bei den roten Punkten stehen müssten? Schreibe die Zahlen auf, die bei a bis g stehen müssten.

Runde jede Zahl
a) auf volle Hunderter, b) auf volle Tausender, c) auf volle Zehntausender.

| | | | | | |
|---|---|---|---|---|---|
| 2 14 378 | 4 7 028 | 6 63 834 | 8 999 | 10 9 999 | 12 10 111 |
| 3 49 443 | 5 4 383 | 7 37 295 | 9 111 | 11 99 999 | 13 110 111 |

Schreibe jeweils 10 Zahlen.

| | | | |
|---|---|---|---|
| 14 7 395 (+ 1) | 16 16 304 (– 1) | 18 126 943 (+ 10) | 20 9 715 (+ 1 000) |
| 15 73 093 (+ 1) | 17 90 004 (– 1) | 19 147 083 (– 10) | 21 84 229 (– 100) |

Schreibe mit Ziffern.

22 dreitausendfünfhunderteins
23 zweitausendsechshundertvier
24 fünftausendvierhundert
25 eintausendneunhundertvierzig
26 viertausendachtzig
27 neunzehntausendeinhundertzwei
28 sechzehntausenddreiunddreißig
29 fünfzigtausend
30 hunderttausend
31 achtundsechzigtausendsiebzehn

32 Beim Fahrradturnier werden Hütchen in einer Reihe aufgestellt. Der Abstand der Hütchen beträgt jeweils 3 Meter. Das erste Hütchen steht am Anfang, das letzte am Ende der Strecke. Die ganze Strecke ist 24 Meter lang.

33 Iris denkt sich eine Zahl. Sie subtrahiert 143, multipliziert mit 8, addiert 600 und dividiert durch 100. Das Ergebnis heißt 30.

34 Ein Arzt hat Montag bis Freitag von 8.00 Uhr bis 12.00 Uhr und von 15.30 Uhr bis 18.00 Uhr Sprechstunde. Dazu kommen täglich etwa 3 Stunden für Hausbesuche, die teilweise nachts durchgeführt werden müssen.

35 Katrin wiegt Äpfel. Sie legt auf die linke Waagschale ein 500-g-Gewicht und auf die rechte die Äpfel, ein 50-g-Gewicht und ein 5-g-Gewicht. Jetzt ist die Waage im Gleichgewicht.

36 **4 Zahlen**
ergeben zusammen **100 000.**
Die 1. Zahl ist fünfstellig und hat an jeder Stelle die Ziffer 6. Die 3. Zahl ist auch fünfstellig, an jeder Stelle steht 1. Die 4. Zahl erhältst du, wenn du die 3. Zahl verdoppelst.

37 **4 Zahlen**
ergeben zusammen **100 000.**
Die 2. Zahl ist die größte vierstellige Zahl. Die 3. Zahl ist die kleinste fünfstellige Zahl. Die 4. Zahl ist die größte fünfstellige Zahl, die man aus diesen Ziffern bilden kann.

**2** **0** **3** **1** **4**

# Körper von verschiedenen Seiten ansehen

① Wo befinden sich die Seiten des Würfels, die aussehen wie die Abbildungen a bis f?
Verwende die Begriffe vorn, hinten, oben, unten, rechts und links.

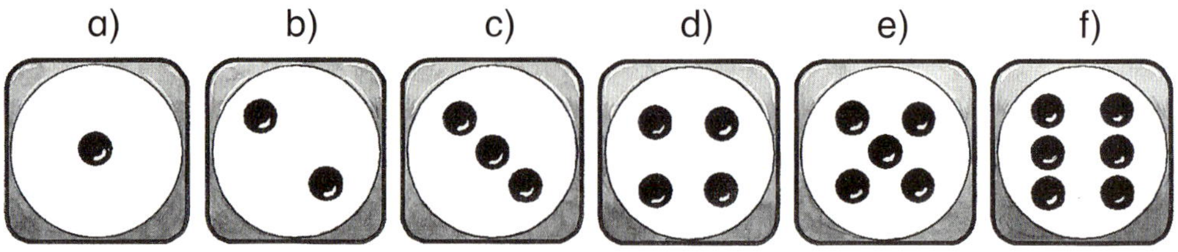


② Beschreibe bei diesem Quader die Lage der Flächen g bis i.

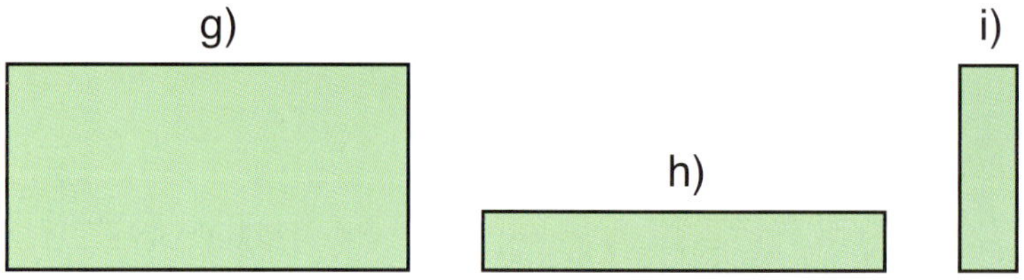


③ Zeichne Flächen, die aussehen wie die Seiten dieses Würfels.

j) unten
k) oben
l) links
m) rechts
n) vorne
o) hinten

④ Zeichne Flächen, die aussehen wie die Seiten dieses Quaders. Die gegenüberliegenden Seiten haben die gleiche Farbe.

p) unten
q) links
r) vorne
s) oben
t) rechts
u) hinten

⑤ Zeichne freihand, was du siehst, wenn du die Körper A bis D von verschiedenen Seiten aus anschaust.
Lege die Körper zur Kontrolle auf einen Tageslichtschreiber.

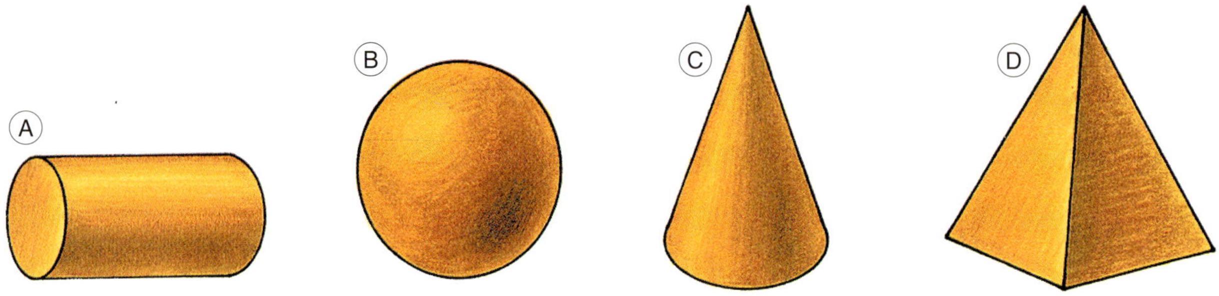

1 Wie heißen die Körper, deren Netze hier abgebildet sind?

2 Stellt Modelle (Hohlkörper) der abgebildeten Würfel, Quader, Zylinder und Pyramiden mit Hilfe der Beilagen 5 und 6 und Klebstreifen her.

3 Untersucht die verschiedenen Körper.
- Gerade Kanten, gebogene Kanten?
- Ebene Flächen, gekrümmte Flächen?
- Anzahl der Flächen, der Kanten und der Ecken?
- Rechteckige Flächen, quadratische Flächen, runde Flächen, dreieckige Flächen?

4 Überlege: Warum sind bestimmte Dinge kugelförmig, quaderförmig …?

5 Bei den 6 Spielwürfeln sind immer Würfelflächen mit der gleichen Augenzahl zusammengeklebt.
Wie viele Augen sind auf den zusammengeklebten Flächen?
Wie viele Augen sind auf den 22 anderen Flächen?

# Experimentieren mit Würfel- und Quadernetzen

① Färbe am Würfelnetz (Beilage 7) die Ecken auf beiden Seiten so, dass beim Zusammenfalten gleiche Farben zusammentreffen.

② 
- Zeichne die abgebildeten Würfelnetze A bis D vergrößert auf Karopapier. Jede Strecke soll doppelt so lang sein wie auf der Abbildung.
- Schneide aus.
- Färbe die Ecken, die beim Falten zusammentreffen, mit der gleichen Farbe.
- Kontrolliere durch Falten, ob du richtig gefärbt hast.

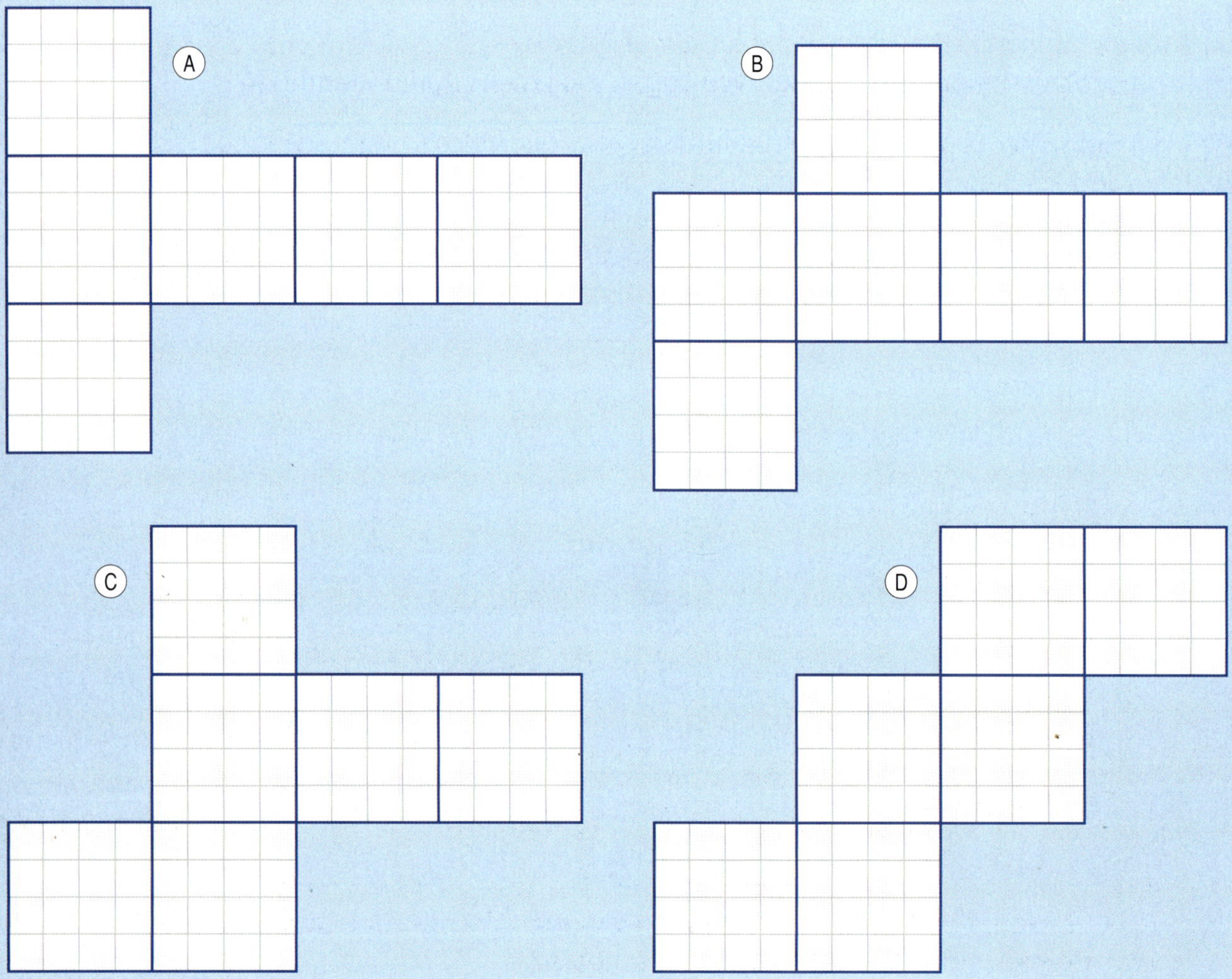

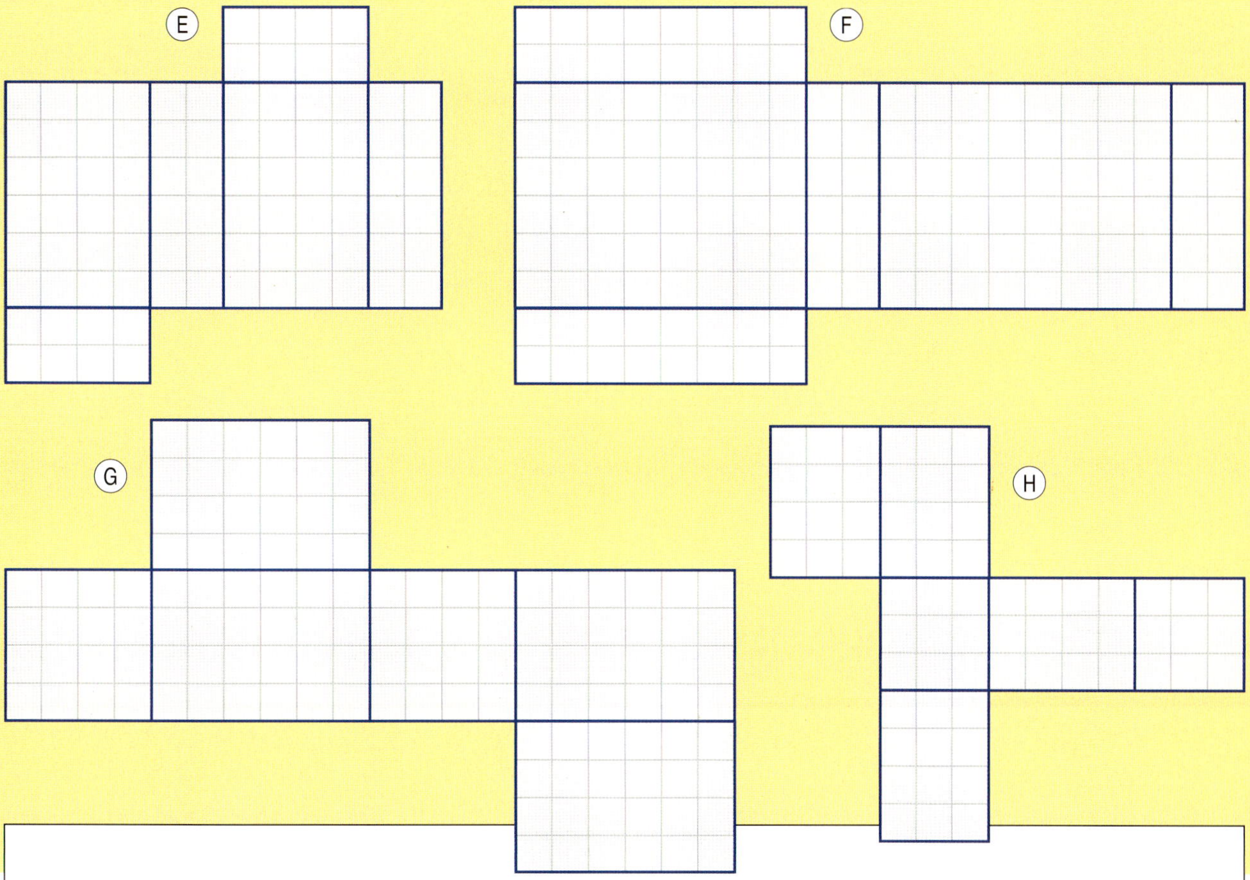


③ Stelle aus dem Quadernetz von Beilage 7 einen Quader her. Färbe die Ecken und falte wieder auseinander. Wo liegen jetzt die Farbmarkierungen?

④
- Zeichne die abgebildeten Quadernetze E bis H vergrößert auf Karopapier. Jede Seite muss doppelt so lang sein.
- Schneide aus.
- Färbe die Ecken, die beim Falten zusammentreffen, mit der gleichen Farbe.
- Kontrolliere durch Falten, ob du richtig gefärbt hast.

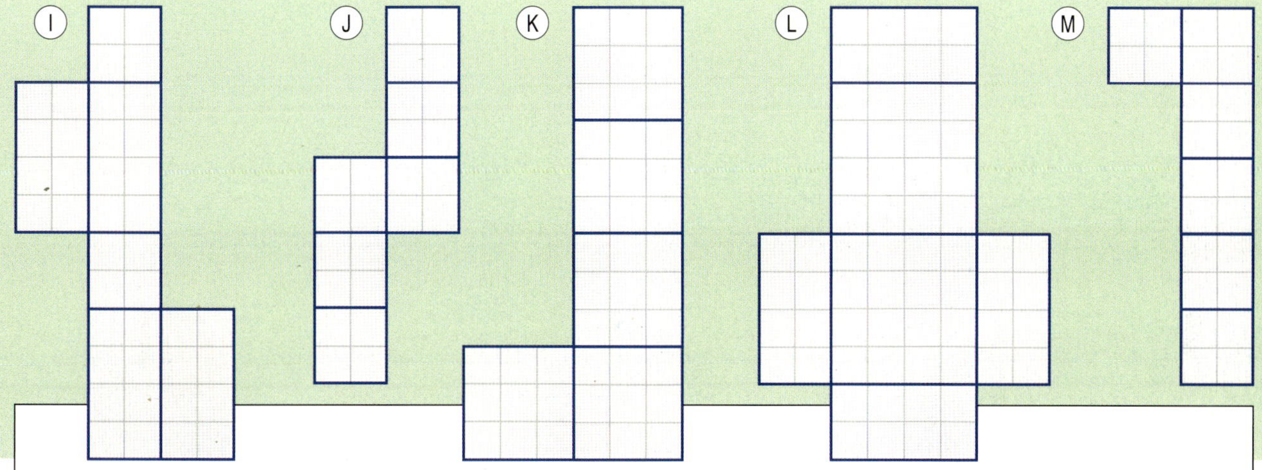


⑤ Aus welchen der Abbildungen I bis M kann man Würfel oder Quader bauen? Welche sind keine Würfel- oder Quadernetze?

# Körper bauen und vergleichen

Ⓐ

Ⓑ

Ⓒ
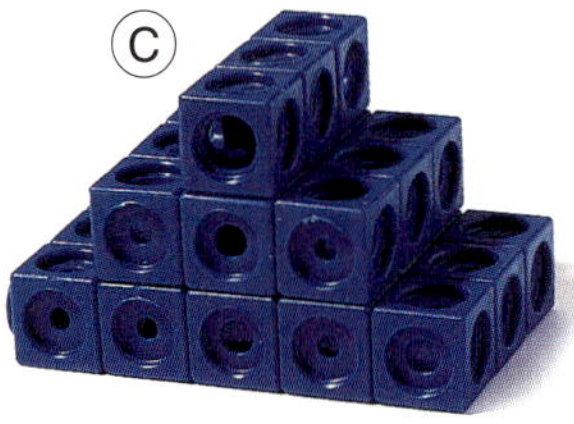

Ⓓ

ⓐ

| | | | | |
|---|---|---|---|---|
| 1 | 2 | 3 | 2 | 1 |
| 1 | 2 | 3 | 2 | 1 |
| 1 | 2 | 3 | 2 | 1 |

ⓑ

| | | | |
|---|---|---|---|
| 1 | 1 | 1 | 1 |
| 1 | 5 | 5 | 1 |
| 1 | 5 | 3 | 1 |
| 1 | 1 | 1 | 1 |

ⓒ

| | | | | | |
|---|---|---|---|---|---|
| 5 | 5 | 5 | 5 | 5 | 5 |
| 5 | 5 | 5 | 5 | 5 | 5 |
| 5 | 5 | 5 | 5 | 5 | 5 |

ⓓ

| | | | |
|---|---|---|---|
| 1 | 1 | 1 | 1 |
| 1 | 5 | 5 | 1 |
| 1 | 5 | 5 | 1 |
| 1 | 1 | 1 | 1 |

ⓔ

| | | |
|---|---|---|
| 4 | 3 | 4 |
| 2 | 3 | 2 |

ⓕ

| | | | |
|---|---|---|---|
| 4 | 4 | 4 | 4 |
| 4 | 4 | 4 | 4 |
| 4 | 4 | 4 | 4 |
| 4 | 4 | 4 | 4 |

1 Welcher Bauplan passt zu welchem Körper? Welche Baupläne passen nicht?

2 Zu welchem Körper passt diese Beschreibung? „Eine Schicht mit 15, eine Schicht mit 9 und eine Schicht mit 3 Steckwürfeln.“ Beschreibe ebenso die übrigen Körper.

3 Zu welchem Körper passt diese Gleichung?
$4 \cdot 4 + 2 \cdot 2 + 2 \cdot 2 + 1 \cdot 3 + 1 \cdot 3 =$
Schreibe auch zu den übrigen Körpern die passenden Gleichungen.

4 Baue 8 verschiedene Körper. Jeder muss genau 12 Steckwürfel enthalten. Schreibe zu jedem Körper eine passende Gleichung.

5 Baue Körper mit jeweils 20 Steckwürfeln und schreibe die Gleichungen auf.

6 Baue Körper, die zu den Gleichungen passen.

a) $4 \cdot 4 + 2 \cdot 2 =$

b) $5 \cdot 5 + 3 \cdot 3 + 1 \cdot 1 =$

c) $3 \cdot 3 \cdot 3 =$

d) $2 \cdot 9 + 2 \cdot 9 + 1 \cdot 3 =$

7 Baue Würfel mit der angegebenen Kantenlänge. Trage die Ergebnisse in eine Tabelle ein.

| Kantenlänge | benötigte Steckwürfel |
|---|---|
| 1 Steckwürfel | 1 |
| 2 Steckwürfel | |
| 3 Steckwürfel | |
| 4 Steckwürfel | |
| usw. | |

8 Wie viele Würfel sind in jeder der Schachteln E bis G?

9 Wie viele Würfel müssen jeweils noch hinzugefügt werden, bis die Schachteln voll sind?

Ⓔ
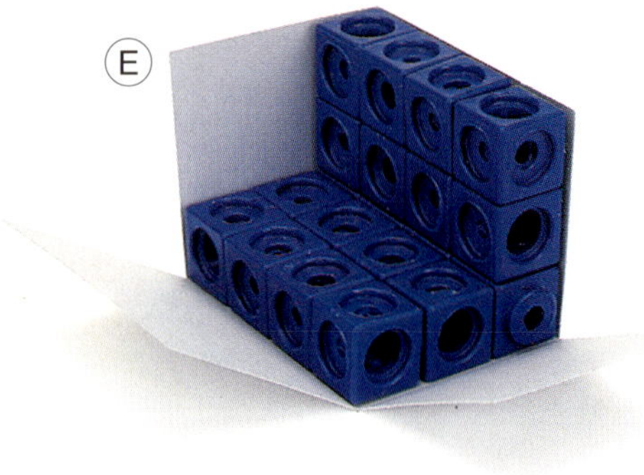

Ⓕ
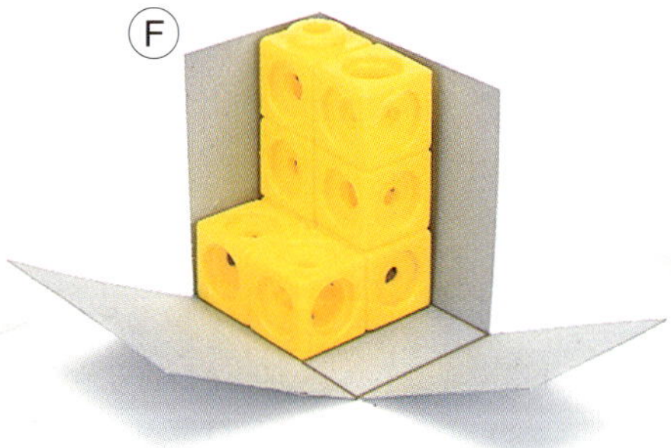

Ⓖ

# Aufgaben zum Knobeln

| Tage | Peter | Bernd |
|---|---|---|
| 1. Oktober | X | X |
| 2. Oktober | – | – |
| 3. Oktober | X | – |
| 4. Oktober | – | X |
| usw. | | |

1 Zwei Freunde treffen sich am 1. Oktober im Hallenbad. Der eine geht alle zwei Tage, der andere alle drei Tage zum Schwimmen. Wann treffen sich die beiden wieder?

| Antje | Jörn | Frank | zusammen | |
|---|---|---|---|---|
| 1 | 2 | 3 | 6 | falsch |
| 2 | 4 | 6 | 12 | falsch |
| 3 | | | | |
| usw. | | | | |

2 Antje, Jörn und Frank sind zusammen 24 Jahre alt. Antje und Jörn sind zusammen so alt wie Frank. Jörn ist doppelt so alt wie Antje. Wie alt sind die Kinder?

3 Zwei Geschwister sparten zusammen 48 €. Christoph sparte doppelt so viel wie Stefan. Wie viel sparte Stefan?

4 Claudia und Elvira treffen sich am 15. Oktober im Jugendhaus. Claudia geht regelmäßig alle drei Tage dorthin, Elvira dagegen alle vier Tage. Wann treffen sie sich wieder?

5 Thomas und Ralf treffen sich am 1. Dezember im Eisstadion. Thomas geht alle zwei Tage, Ralf regelmäßig dienstags zum Eislaufen. Wann treffen sie sich wieder?

6 Die Summe zweier Zahlen ist 49. Der Unterschied beträgt 13. Wie heißen die zwei Zahlen?

7 Brigitte und Udo haben zusammen so viele Autos wie Kurt. Udo hat jedoch dreimal so viele Autos wie Brigitte. Die drei Kinder haben zusammen 56 Autos. Wie viele Autos hat jedes der Kinder?

8 50 kg Kartoffeln werden auf drei Körbe verteilt. Die Kartoffeln im ersten Korb wiegen 8 kg mehr als die Kartoffeln im zweiten Korb. Die Kartoffeln im dritten Korb wiegen 3 kg weniger als die im zweiten Korb. Wie viel wiegen die Kartoffeln in den einzelnen Körben?

Bestimme die fehlenden Zahlen.
Gleiche Form oder gleicher Buchstabe bedeuten gleiche Zahl.

9
○ · □ = 48
○ + □ = 14

10
a : 2 = b
12 – b = a

11
□ – 20 = ◇
◇ + 27 = 100

12
x · y = 56
x + y = 15

13
7 · 3 = ⬡
⬡ – □ = 18
□ : 3 = ○

14
1 000 – c = 530
d + c = 600
c – d = e

15
□ · ○ < 8
□ + ○ = 8
□ – ○ = 6

16 Erfinde selbst solche Aufgaben.
Tipp: Zuerst mit Zahlen, dann Zahlen durch Symbole ersetzen.

S.30, Nr. 1

3 · 5H = 15H

3 · 500 = 1500

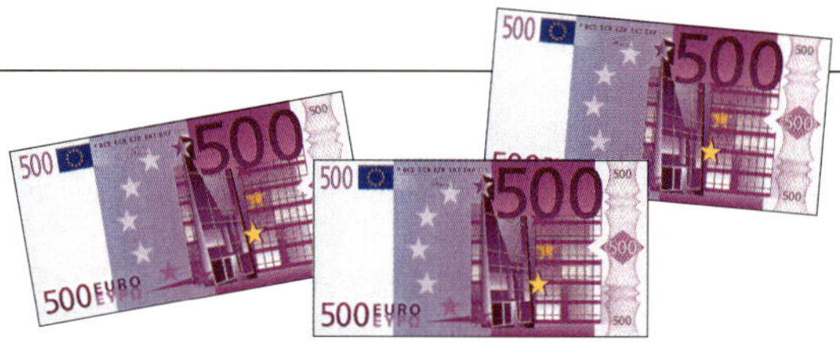

(1) 3 · 500
(2) 3 · 400
(3) 4 · 20
(4) 6 · 30
(5) 4 · 6 000
(6) 2 · 4 000
(7) 7 · 40
(8) 9 · 80
(9) 6 · 700
(10) 9 · 800
(11) 9 · 7 000
(12) 6 · 9 000

| | | T | H | Z | E | | |
|---|---|---|---|---|---|---|---|
| 4 · 1 | = | | | | 4 | = | 4 E |
| 4 · 10 | = | | | 4 | 0 | = | 4 Z |
| 4 · 100 | = | | 4 | 0 | 0 | = | 4 H |
| 4 · 1 000 | = | 4 | 0 | 0 | 0 | = | 4 T |

| | | ZT | T | H | Z | E | | |
|---|---|---|---|---|---|---|---|---|
| 3 · 6 | = | | | | 1 | 8 | = | 18 E |
| 30 · 6 | = | | | 1 | 8 | 0 | = | 18 Z |
| 300 · 6 | = | | 1 | 8 | 0 | 0 | = | 18 H |
| 3 000 · 6 | = | 1 | 8 | 0 | 0 | 0 | = | 18 T |

(13) Lies die Aufgaben in den Tabellen. Was fällt auf?

Rechne mit Z, H, T oder ZT. Beispiel: 4 · 1 T = 4 T = 4 000

[14] 4 · 1 000
[15] 7 · 10
[16] 5 · 300
[17] 5 · 3 000
[18] 7 · 40
[19] 7 · 4 000
[20] 3 000 · 6
[21] 800 · 6
[22] 40 000 · 2
[23] 70 000 · 8

[24]

| · | 10 | 100 | 1 000 | 10 000 |
|---|---|---|---|---|
| 4 | | | | |
| 6 | | | | |
| 5 | | | | |
| 9 | | | | |
| 3 | | | | |
| 0 | | | | |
| 7 | | | | |
| 8 | | | | |
| 10 | | | | |

[25]

| · | 3 | 30 | 300 |
|---|---|---|---|
| 2 | | | |
| 4 | | | |
| 8 | | | |
| 3 | | | |
| 6 | | | |
| 9 | | | |
| 7 | | | |
| 5 | | | |
| 10 | | | |

[26]

| · | 60 | 600 | 6 000 |
|---|---|---|---|
| 10 | | | |
| 5 | | | |
| 8 | | | |
| 4 | | | |
| 0 | | | |
| 7 | | | |
| 6 | | | |
| 3 | | | |
| 9 | | | |

[27]

| · | 4 | 7 | 0 | 8 | 9 |
|---|---|---|---|---|---|
| 20 | | | | | |
| 200 | | | | | |
| 70 | | | | | |
| 700 | | | | | |
| 50 | | | | | |
| 500 | | | | | |
| 80 | | | | | |
| 800 | | | | | |
| 0 | | | | | |

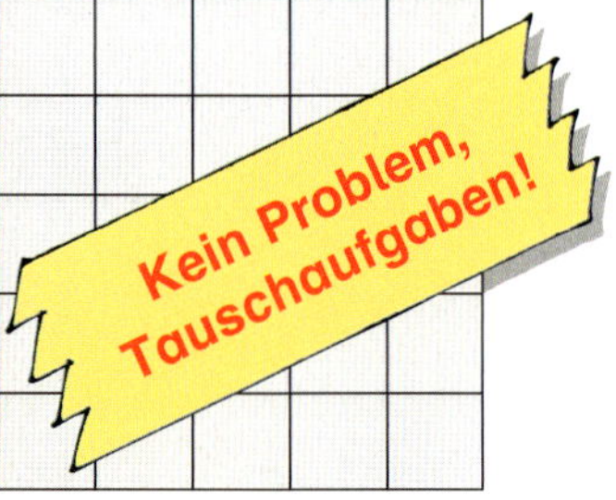


Rechne so weit du kannst. Fertig, los!

(28)
1 · 1 000
2 · 2 000
3 · 3 000
4 · 4 000
…

(29)
120 · 7
240 · 7
480 · 7
960 · 7
…

(30)
326 + 37
327 + 38
328 + 39
329 + 40
…

(31)
80 : 8
90 : 8
100 : 8
110 : 8
…

(32)
255 – 50
257 – 49
259 – 48
261 – 47
…

# Schriftlich multiplizieren ohne Übertrag

$$\begin{array}{r} 1\,039 \\ +\ 1\,039 \\ +\ 1\,039 \\ +\ 1\,039 \\ {}^{3} \\ \hline 6 \end{array}$$

$4 \cdot 1\,039 =$
$4 \cdot 1\,000 = 4\,000$
$4 \cdot 30 =$
$4 \cdot 9 =$

| · | 4 |
|---|---|
| 9 | 36 |
| 30 | |
| 1 000 | |
| 1 039 | |

$1\,039 \cdot 4 =$
$1\,000 \cdot 4 = 4\,000$
$30 \cdot 4 =$
$9 \cdot 4 =$

① Die Albert-Einstein-Schule bestellt 4 Computer inklusive CD-ROM, komplett mit Monitor, Tastatur und Maus.

Probiere verschiedene Rechenwege.

② 2 230 · 4 ③ 4 102 · 2 ④ 3 130 · 3 ⑤ 432 · 7 ⑥ 20 508 · 5 ⑦ 43 020 · 3

S. 31, Nr. 8

```
THZE
2103 · 3
    THZE
       9
      00
     300
    6000
    ----
    6309 ✓
```

E: 3 · 3 = 9
Z: 3 · 0 = 0
H: 3 · 100 = 300
T: 3 · 2000 = 6000

⑧ 2 103 · 3 9 2 120 · 4 10 312 · 3 11 4 130 · 2 12 413 · 3 13 13 230 · 3

**Kurzform**

S. 31, Nr. 14

```
THZE
2103 · 3
    THZE
    6309 ✓
```

E: 3 · 3 = 9
Z: 3 · 0 = 0
H: 3 · 1 = 3
T: 3 · 2 = 6

⑭ 2 103 · 3 15 1 101 · 7 16 432 · 2 17 1 430 · 2 18 222 · 3 19 23 210 · 3

S.32, Nr. 1

```
THZE
2019 · 3
   THZE
     27
     3
    0
   6
   6057 ✓
```

E: 3 · 9 = 27
Z: 3 · 1 = 3
H: 3 · 0 = 0
T: 3 · 2 = 6

(1) 2 019 · 3
[2] 2 107 · 4
[3] 1 502 · 3
[4] 1 701 · 4

[5] 2 160 · 4
[6] 1 072 · 3
[7] 6 012 · 4
[8] 7 103 · 3

(9) 2 218 · 2
(10) 4 307 · 2
(11) 12 192 · 4
(12) 31 083 · 3

S.32, Nr. 13

```
ZTTHZE
12019 · 3
   ZTTHZE
    36057 ✓
```

E: 3 · 9 = 27 schreibe 7, merke 2
Z: 3 · 1 = 3 3 + 2 = 5, schreibe 5
H: 3 · 0 = 0 schreibe 0
T: 3 · 2 = 6 schreibe 6
ZT: 3 · 1 = 3 schreibe 3

(13) 12 019 · 3
[14] 21 235 · 6
[15] 1 272 · 4
[16] 3 091 · 7

[17] 1 503 · 5
[18] 1 812 · 8

(19) 7 102 · 6
(20) 9 214 · 9

(21) 12 109 · 7
(22) 13 408 · 4

(23) 43 335 · 8
(24) 31 190 · 5

**Ballschrank**
**508.– €**

Wie viel kostet es?

(25) 2 Ballwagen
(26) 3 Ballwagen
(27) 2 Ballschränke
(28) 3 Ballschränke
(29) 4 Ballwagen
(30) 4 Ballwagen und 1 Ballschrank
(31) 4 Ballschränke und 2 Ballwagen

**Ballwagen**
**292.– €**

(32) Julia und Max wollen ein Computerspiel für 48,95 € kaufen. Dafür spart Julia jede Woche 2,75 €, Max 3,25 €.
Julia hat schon 7 Wochen gespart, Max schon 8 Wochen.

(33) Die drei Geschwister Tim, Lisa und Jan sind zusammen 13 Jahre alt.
Wenn sie ihre Lebensalter multiplizieren, erhalten sie 36.
Tim ist der Älteste.

S. 33, Nr. 1

Ü: 400 · 8 = 3200

379 · 8
3032 ✓

E: 8·9=72 schreibe 2, merke 7
Z: 8·7=56 56+7=63, schreibe 3, merke 6
H: 8·3=24 24+6=30, schreibe 30

379.–

① Ein Fahrradhändler verkauft in einer Woche 8 Fahrräder zu je 379 €.

Rechne jeweils zuerst den Überschlag mit gerundeten Zahlen.

| | | | | |
|---|---|---|---|---|
| ② 235 · 4 | ⑥ 1 432 · 2 | ⑩ 13 032 · 3 | ⑭ 857 · 5 | ⑱ 31 244 · 8 |
| ③ 162 · 3 | ⑦ 1 321 · 3 | ⑪ 21 220 · 4 | ⑮ 4 602 · 9 | ⑲ 14 536 · 2 |
| ④ 316 · 4 | ⑧ 1 241 · 2 | ⑫ 10 075 · 6 | ⑯ 999 · 4 | ⑳ 66 897 · 2 |
| ⑤ 118 · 5 | ⑨ 1 222 · 4 | ⑬ 22 430 · 7 | ⑰ 5 308 · 4 | (21) 12 345 · 7 |
| (22) 2 483 · 5 | (26) 1 973 · 8 | (30) 12 988 · 5 | (34) 3 507 · 8 | (38) 16 543 · 4 |
| (23) 2 709 · 3 | (27) 1 234 · 9 | (31) 99 999 · 3 | (35) 789 · 7 | (39) 98 006 · 0 |
| (24) 6 083 · 7 | (28) 3 628 · 7 | (32) 38 033 · 4 | (36) 3 409 · 6 | (40) 24 308 · 9 |
| (25) 5 164 · 4 | (29) 4 409 · 1 | (33) 29 516 · 5 | (37) 257 · 8 | (41) 37 910 · 6 |

**Heizölpreise je 100 l***

| | |
|---|---|
| 2 501 l bis 3 500 l | 50,– |
| 3 501 l bis 4 500 l | 48,– |
| 4 501 l bis 5 500 l | 47,– |
| 5 501 l bis 6 500 l | 46,– |
| 6 501 l bis 8 500 l | 45,– |
| 8 501 l bis 12 500 l | 44,– |

*Verwende aktuelle Preise. Runde auf €.

| Menge | Preis |
|---|---|
| 100 l | 48 € |
| 1 000 l | |
| 3 000 l | |
| 700 l | |
| 3 700 l | |

(·10)

(42) Berechne die Preise.
a) für 3 000 l
b) für 4 000 l
c) für 5 000 l
d) für 6 000 l
e) für 7 000 l
f) für 10 000 l

(43) Familie Ludwig bestellt 3 700 l, Familie Sauer 4 800 l Heizöl.
a) Wie viel muss jede Familie bezahlen?
b) Wie viel können die beiden Familien insgesamt sparen, wenn sie gemeinsam bestellen?

Weitere Übungsaufgaben auf Seite 112.

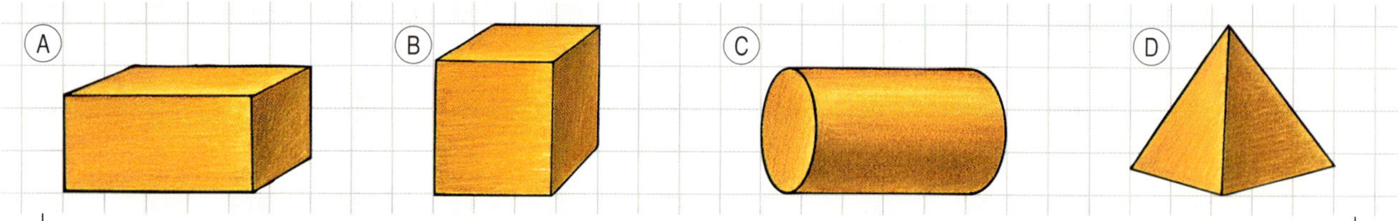


1 Schreibe zu jedem der Körper A bis D den Namen und die Anzahl der Flächen, Kanten und Ecken.

2 Zeichne zu jedem Körper ein Netz.

**Partnerarbeit**

3 Baut die Körper E bis I.

4 Aus wie vielen Steckwürfeln besteht jeder der Körper? Schreibt jeweils eine Gleichung auf.

5 Zeichnet die Baupläne der Körper.

6 Zeichnet eine oder mehrere Seitenansichten.

7 Errechnet, wie viele Steckwürfel ihr bei jedem der Körper dazustecken müsst, damit ein Quader entsteht.

8 Eine Konservenfabrik verschickt täglich 1 675 Kartons. Jeder Karton enthält 8 Dosen. Wie viele Dosen werden a) täglich, b) in einer Woche (5 Arbeitstage), c) in 4 Wochen verschickt?

9 Das Schultheater führte das Märchenspiel „Rapunzel“ auf. Es wurden 283 Karten zu je 4 € verkauft. Eigentlich wollte der Veranstalter mindestens 2 000 € einnehmen.

10
7 · 36 = ⬡
⬡ – ■ = 180
■ : 3 = ●

11
1 000 – ▲ = 360
■ + ▲ = 700
▲ – ■ = ●

12
27 : ▲ = 3
▲ · ■ = 270
■ + ● = 78

13 Bei den 4 Spielwürfeln sind immer Würfelflächen mit der gleichen Augenzahl zusammengeklebt. Wie viele Augen sind auf den zusammengeklebten Flächen? Wie viele Augen sind auf den 18 anderen Flächen?

# Rauminhalt (Fassungsvermögen)

① Besorgt euch 6 unterschiedliche Behälter und kennzeichnet sie mit a, b, c …
Ordnet sie dann gefühlsmäßig nach ihrem Rauminhalt.

② Überprüft durch Umfüllen von Sand, ob ihr richtig geordnet habt.

3 Stellt jetzt den Rauminhalt eurer Behälter fest und tragt die Messergebnisse in eine Tabelle ein.
Messgerät: Jogurtbecher

| | a | b | c | d | e | f |
|---|---|---|---|---|---|---|
|  | | | | | | |

4 Stellt noch einmal den Rauminhalt der 6 Behälter fest.
Messgerät: Messbecher mit Liter-, Halbliter- und Viertellitereinteilung.

| | a | b | c | d | e | f |
|---|---|---|---|---|---|---|
| 1 l | | | | | | |
| $\frac{1}{2}$ l | | | | | | |
| $\frac{1}{4}$ l | | | | | | |
| Rauminhalt etwa | | | | | | |

⑤ Untersucht einen Messbecher. Ihr könnt dabei Interessantes über den Zusammenhang von Rauminhalt und Gewicht erfahren.
Warum ist das Gewicht des Wassers nicht angegeben?

⑥ Zum Staunen:

| | Rauminhalt | Gewicht |
|---|---|---|
| Kies | 1 l | 1 800 g |
| Sand | 1 l | 1 600 g |
| Torf | 1 l | 400 g |
| Gold | 1 l | 19 300 g |
| Wasser | 1 l | 1 000 g |
| Benzin | 1 l | 700 g |
| Luft | 1 l | ca. 1 g |

⑦ An mehreren Stationen könnt ihr das Fassungsvermögen von Behältern feststellen und vergleichen.

# Rauminhalt – Liter und Milliliter

① Auf vielen Behältern ist der Rauminhalt in Millilitern (ml) angegeben.
Sammelt solche Behälter und ordnet sie nach dem Rauminhalt.

**Ein Würfel mit einer Kantenlänge von 10 cm fasst genau 1 Liter (1 l).**

**Ein Würfel mit einer Kantenlänge von 1 cm fasst genau 1 Milliliter (1 ml).**

**1 000 ml = 1 l** **100 ml** **10 ml** **1 ml**

② Stellt Messbehälter für 1 ml, 10 ml und 100 ml her (Beilage 8).

3 Bestimmt mit Hilfe der gebastelten Messbehälter den Rauminhalt eurer Gefäße (Seite 35) möglichst genau.

4 Ergänze:

| | | |
|---|---|---|
| 1 Liter (1 l) | = | Milliliter (ml) |
| $\frac{1}{2}$ Liter | = | Milliliter (ml) |
| $\frac{1}{4}$ Liter | = | Milliliter (ml) |
| $\frac{3}{4}$ Liter | = | Milliliter (ml) |

# Preise vergleichen – Lösungshilfe Tabelle

1. Vergleiche die Preise der drei Ketchupsorten.
2. Berechne für jede der drei Ketchupsorten den Preis für 100 ml, 200 ml, 500 ml und 1 000 ml.
3. Ordne die Flaschen a bis c nach dem Literpreis.
4. Berechne für die Duschmittel d bis g die Literpreise und vergleiche dann.

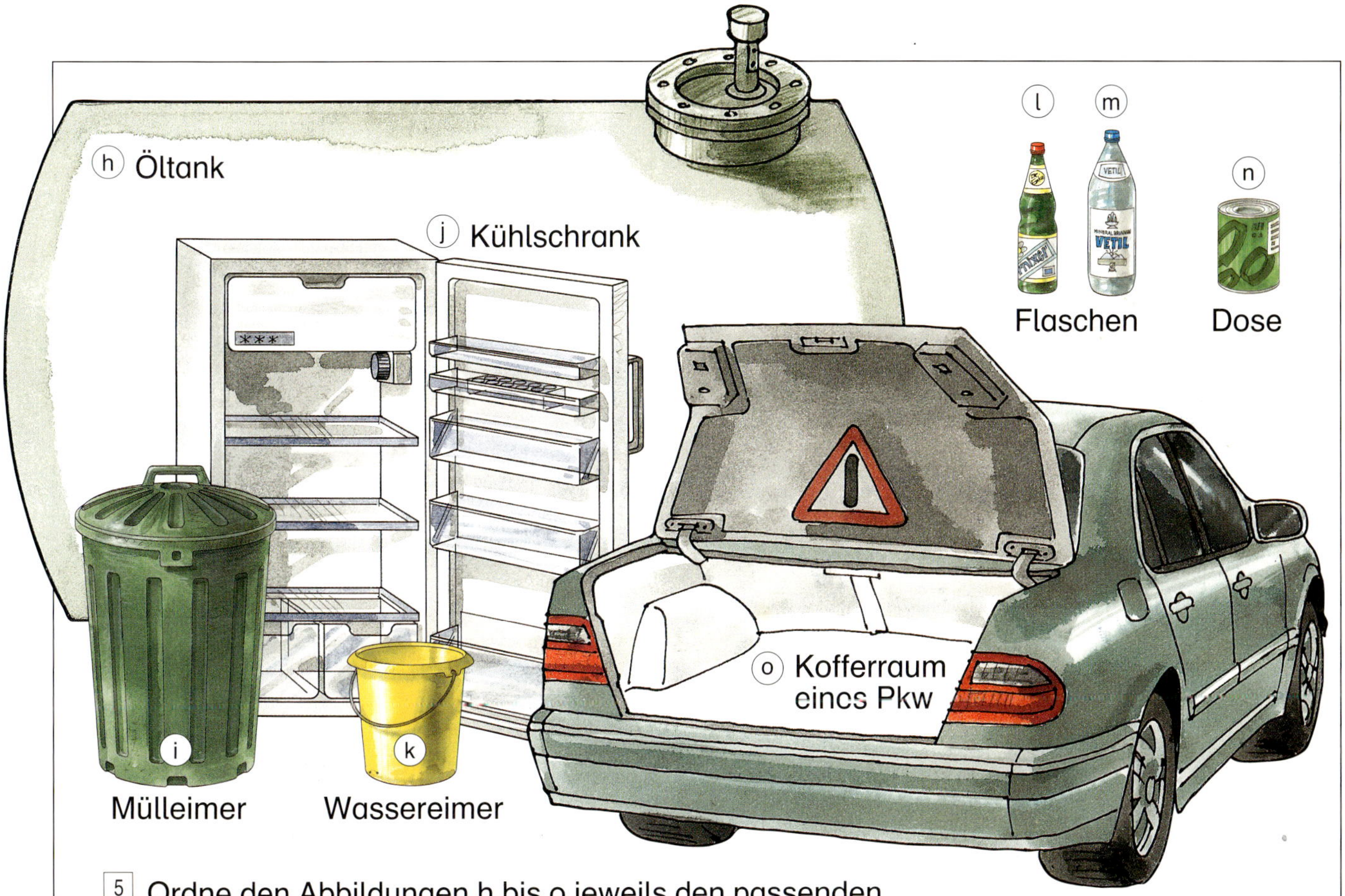


5. Ordne den Abbildungen h bis o jeweils den passenden Rauminhalt zu. 800 ml, $\frac{3}{4}$ l, 1 l, 10 l, 60 l, 200 l, 450 l, 1 000 l.
6. Wievielmal kannst du den Inhalt eines 10-l-Eimers in ein 500-l-Fass schütten, bevor dieses überläuft?

| | HM | ZM | M | HT | ZT | T | H | Z | E |
|---|---|---|---|---|---|---|---|---|---|
| a) | | | 2 | 7 | 3 | 0 | 6 | 8 | 4 |
| b) | | | | 3 | 6 | 8 | 9 | 9 | 9 |
| c) | | | 6 | 0 | 8 | 2 | 4 | 7 | 0 |
| d) | | | 8 | 2 | 5 | 0 | 0 | 0 | 0 |
| e) | | | | | 4 | 9 | 9 | 9 | 9 |
| f) | | | | 9 | 9 | 9 | 9 | 9 | 9 |
| g) | | | 1 | 0 | 0 | 0 | 0 | 0 | 0 |
| h) | | 1 | 0 | 6 | 4 | 3 | 2 | 1 | 5 |
| i) | | | | 7 | 9 | 9 | 0 | 0 | 0 |
| j) | 1 | 0 | 7 | 7 | 0 | 0 | 8 | 6 | 7 |

1 Schreibe die Zahlen a bis j nach der Größe geordnet untereinander. Beginne mit der größten Zahl.

2 Schreibe zu jeder Zahl den Vorgänger und den Nachfolger.

Trage diese Zahlen in eine Stellenwerttabelle ein.

3 einundachtzigtausendvier
4 eine Million achttausend
5 eine Million achthundert
6 fünfzigtausendacht
7 dreihunderttausend
8 zwei Millionen elf
9 zehn Millionen
10 vierhundertfünftausend
11 hundert Millionen

Schreibe die Zahlen auf.

12 9 Z + 7 HT + 4 H
13 2 H + 8 ZT + 7 E
14 8 ZT + 5 E + 7 HT + 7 T
15 6 H + 3 ZT + 5 HT + 1 M
16 3 M + 7 HT + 5 H + 6 ZT
17 7 Z + 8 ZT + 9 HT + 1 T

## Spiel für vier Schüler

1. 24 Kärtchen werden ausgeschnitten, gemischt und verteilt.
2. Jeder Spieler legt seine 6 Ziffern so, dass eine möglichst große Zahl entsteht.
3. Gewonnen hat der Spieler mit der größten Zahl.

# Übungen am Zahlenstrahl

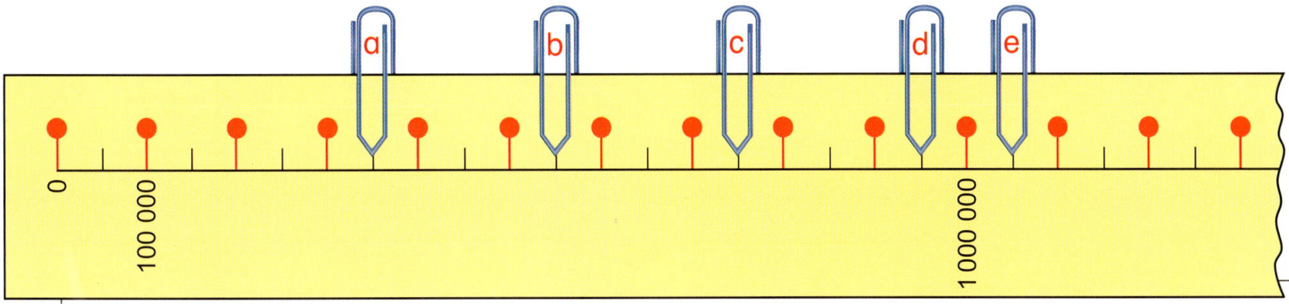


1 Schreibe die Zahlen auf, die bei den roten Punkten stehen müssten.

2 Schreibe die Zahlen auf, die bei den Büroklammern a bis e stehen müssten.

3 Schreibe die Zahlen a bis e jeweils mit Vorgänger und Nachfolger auf.

a) 349 999 < 350 000 < 350 001

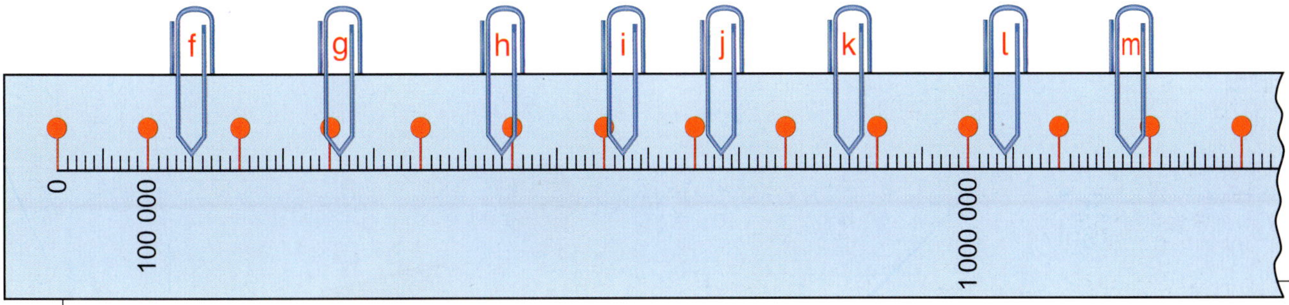


4 Schreibe die Zahlen, die bei den roten Punkten stehen müssten, jeweils mit Vorgänger und Nachfolger auf.

99 999 < 100 000 < 100 001

5 Schreibe die Zahlen f bis m auf.

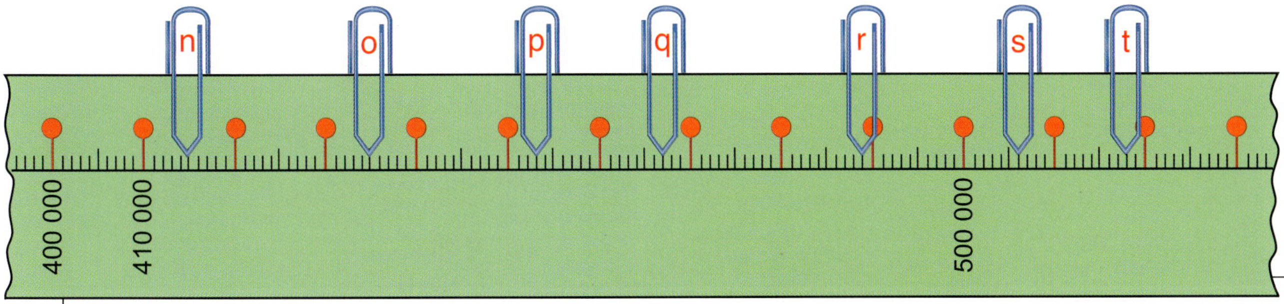


6 Schreibe auch zu diesem Zahlenstrahl alle Zahlen, die bei den roten Punkten stehen müssten, jeweils mit Vorgänger und Nachfolger auf.

7 Schreibe die Zahlen n bis t jeweils mit Vorgänger und Nachfolger auf.

Trage die Zahlen an einem Zahlenstrahl ein.

8 870 000, 895 000, 900 000, 907 000, 942 000

9 260 400, 260 810, 261 000, 261 080, 261 290

10 Schreibe jeweils die zwei kleinsten und die zwei größten Zahlen auf:
a) mit 3 Stellen, b) mit 4 Stellen, c) mit 5 Stellen, d) mit 6 Stellen.

S. 40, Nr. 1

a) 453 760 ≈ 450 000

b) 453 760 ≈ 500 000

Runde die folgenden Zahlen
a) auf Zehntausender,
b) auf Hunderttausender.

| | | | | | |
|---|---|---|---|---|---|
| (1) 453 760 | (3) 625 000 | (5) 500 000 | (7) 765 999 | (9) 1 391 000 | (11) 2 849 999 |
| (2) 119 500 | (4) 293 800 | (6) 583 711 | (8) 413 280 | (10) 7 803 760 | (12) 4 978 000 |

Rechne schriftlich.
Vergiss den Überschlag nicht.

| | |
|---|---|
| (13) 4 683 · 5 | (19) 33 516 · 5 |
| (14) 3 207 · 4 | (20) 33 516 · 6 |
| (15) 6 871 · 3 | (21) 33 516 · 7 |
| (16) 12 513 · 2 | (22) 196 084 · 8 |
| (17) 27 644 · 8 | (23) 305 973 · 7 |
| (18) 50 899 · 9 | (24) 510 239 · 9 |

Rechne schriftlich.
Rechne zur Kontrolle von oben nach unten.

(25) 209 614 + 83 677 + 7 150 + 19
(26) 53 708 + 614 + 63 020 + 4 999
(27) 1 000 000 + 94 + 2 877 + 56 876
(28) 722 580 + 998 + 777 + 16 053
(29) 4 308 + 281 061 + 300 900 + 72
(30) 3 406 208 + 393 + 82 + 14 539

Berechne jeweils die Summe und den Unterschied.

| | | | | | | | |
|---|---|---|---|---|---|---|---|
| (31) | 5 603 | 488 | (33) | 105 200 | 36 483 | (35) | 1 200 000 | 676 694 |
| (32) | 7 099 | 3 540 | (34) | 72 906 | 58 699 | (36) | 64 608 | 1 352 600 |

## (37) Zahlen aus einer Großbäckerei

Die Großbäckerei K&U verarbeitet täglich 20 Tonnen Mehl. Eine Tonne Mehl kostet etwa 200 €. Viele Arbeiten werden von Automaten erledigt, so z. B. die Herstellung der „Teiglinge“ für die Brötchen. Die Brötchenanlage ist täglich 7 bis 9 Stunden in Betrieb und stellt pro Stunde 7 000 Teiglinge her.

Die Teiglinge werden bis zu 100 km weit in 150 Filialen transportiert. Dort werden daraus frische Brötchen gebacken.

In der Großbäckerei werden noch viele Arbeiten von Hand gemacht. Vier Mitarbeiter kneten beispielsweise täglich 3 Stunden lang aus Teigsträngen Hefezöpfe. Im Durchschnitt braucht ein Mitarbeiter für einen Zopf nur 10 Sekunden.

Für die vielen Kuchen und Gebäckstücke verbraucht die Bäckerei wöchentlich 110 Liter Milch, 140 Liter Sahne, 40 000 Eier und viele andere Zutaten. 60 Mitarbeiter backen täglich rund 22 000 süße Stücke.

Die Großbäckerei K&U hat zur Zeit 70 Azubis (Auszubildende), denn es macht viel Spaß, so leckere Dinge herzustellen.

## Das Herz

Es pumpt und pumpt und pumpt ...
Ob wir arbeiten oder schlafen, das Herz versorgt den Körper unermüdlich mit Blut.
Ein Erwachsener hat etwa 5 Liter Blut. Mit jedem Herzschlag pumpt das Herz etwa 70 Milliliter durch Blutgefäße, die etwa 100 000 km lang sind.

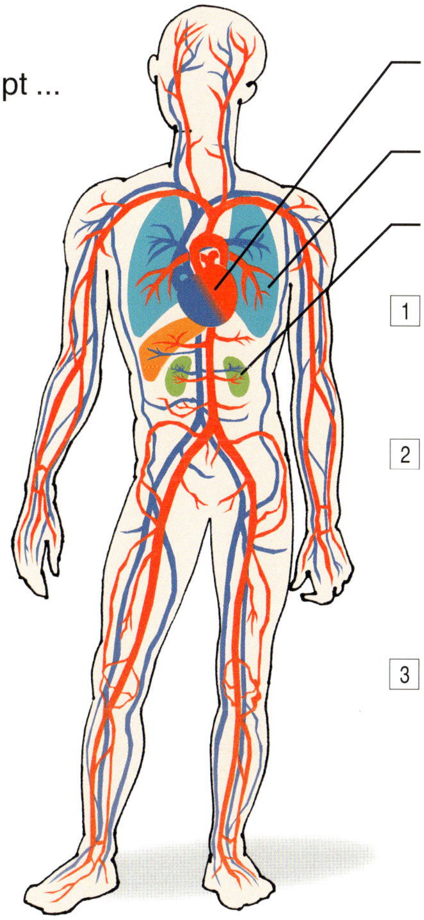


**Herzschläge (Puls) in Ruhelage**

| Alter | Pulszahl pro min |
|---|---|
| Neugeborenes | 140 |
| 4 Jahre | 100 |
| 10 Jahre | 90 |
| Erwachsene | 70 (bis 80) |

1 Fühle deinen Puls. Wie oft schlägt dein Herz in einer Minute?

2 Rechne mit Hilfe einer Tabelle aus, wie oft dein Herz in 10 Minuten, in 1 Stunde, in 6, 12 und 24 Stunden schlägt.

3 Wie viel Blut pumpt das Herz an einem Tag durch deinen Körper, wenn dein Herz bei jedem Schlag etwa 40 ml pumpt? Rechne wie bei Aufgabe 2.

Schreibe jeweils 5 Zahlen.

④ 258 000 (+ 2 000)
⑤ 660 000 (+ 10 000)
⑥ 479 000 (+ 500)
⑦ 27 895 (+ 7)
⑧ 56 870 (+ 50)
⑨ 75 900 (+ 200)
⑩ 133 600 (– 10 000)
⑪ 155 000 (– 5 000)
⑫ 68 400 (– 4)

Berechne a) das Doppelte, b) die Hälfte, c) das 10fache, d) das 100fache.

13 10 000 | 14 60 000
15 50 000 | 16 25 000
17 90 000 | 18 36 000
19 48 200 | 20 84 600
21 38 000 | 22 18 800
23 100 000 | 24 250 000

Ergänze zu 1 Million.

25 100 000 | 26 500 000
27 250 000 | 28 180 000
29 10 000 | 30 13 000
31 725 000 | 32 316 000
33 74 000 | 34 95 000
35 4 862 | 36 9 999

Rechne so weit du kannst. Fertig, los!

㊲ 100 000 – 5 000
200 000 – 5 000
300 000 – 5 000
…

㊳ 11 111 + 111
22 222 + 222
33 333 + 333
…

㊴ 500 000 : 2
480 000 : 2
460 000 : 2
…

㊵ 12 · 5
123 · 5
1 234 · 5
…

Weitere Übungsaufgaben auf Seite 112.

# Einwohnerzahlen von großen Städten

Brandenburger Tor

**BERLIN**

| Jahr | Einwohner |
|---|---|
| 1500 | 12 000 |
| 1600 | 15 000 |
| 1640 | 7 500 |
| 1700 | 25 000 |
| 1800 | 160 000 |
| 1900 | 1 920 000 |
| 1920 | 4 000 000 |
| 1939 | 4 540 000 |
| 1946 | 3 190 000 |
| 1976 | 3 060 000 |
| 1982 | 3 070 000 |
| 2000 | 3 384 000 |

Kaiser-Wilhelm-Gedächtniskirche

1. Sprecht über die Bevölkerungsentwicklung der Stadt Berlin. Was fällt auf?

2. Berechne die Zunahme (Abnahme) der Bevölkerung vom Jahre 1500 bis 1600, vom Jahre 1600 bis 1640 usw.

3. In welchem der elf angegebenen Zeiträume war die Zunahme (Abnahme) am größten, wann war sie am kleinsten?

## Einwohnerzahlen von alten Städten

| | Einwohner im Jahr 1500 | Einwohner im Jahr 2000 | Zunahme |
|---|---|---|---|
| Berlin | 12 000 | 3 384 000 | |
| Freiburg | 9 000 | 201 000 | |
| Hamburg | 18 000 | 1 708 000 | |
| Köln | 30 000 | | 988 000 |
| Magdeburg | 19 000 | | 212 000 |
| Schwerin | | 105 000 | 103 000 |
| Stuttgart | | 552 000 | 547 000 |

4. Vervollständige die Tabelle.

5. Ordne die sieben Städte nach den Einwohnerzahlen
a) im Jahr 1500,
b) im Jahr 2000.

6. Runde die Einwohnerzahlen von 2000 auf volle Hunderttausender.
Berlin: rund 3 400 000

7. Stelle die gerundeten Einwohnerzahlen von 2000 zeichnerisch dar.
Färbe für je 100 000 Einwohner ein Heftquadrat.

# Einen Faltwinkel herstellen – Senkrecht, parallel

## So kannst du einen Faltwinkel herstellen:

(a) Ein Stück Papier ausreißen,

(b) falten,

(c) die Faltlinie auf beiden Seiten rot nachfahren,

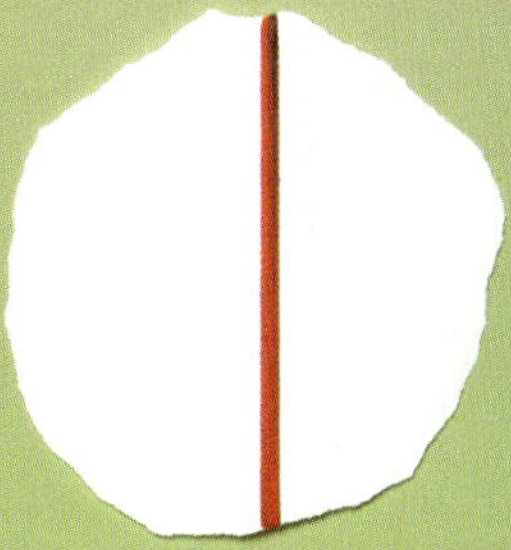

(d) wieder falten,

(e) noch einmal so falten, dass beide Teile der roten Faltlinie aufeinander liegen.

## So entstehen parallele Linien:

(f) Den Faltwinkel auseinander falten und die zweite Faltlinie blau nachfahren,

(g) auf der roten Faltlinie wieder falten,

(h) jetzt so falten, dass alle Teile der blauen Faltlinie aufeinander liegen,

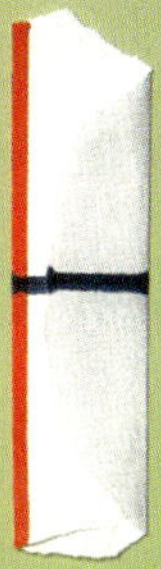

(i) die neuen Faltlinien rot nachfahren.

1. Durch Falten entstehen gerade Linien. Zeige sie.
2. Durch zweimaliges Falten wie bei e entsteht ein rechter Winkel. Zeige ihn.
3. Bei f stehen die Faltlinien senkrecht aufeinander. Zeige sie.
4. Bei i laufen Faltlinien parallel. Zeige sie.

# Rechte Winkel und parallele Linien

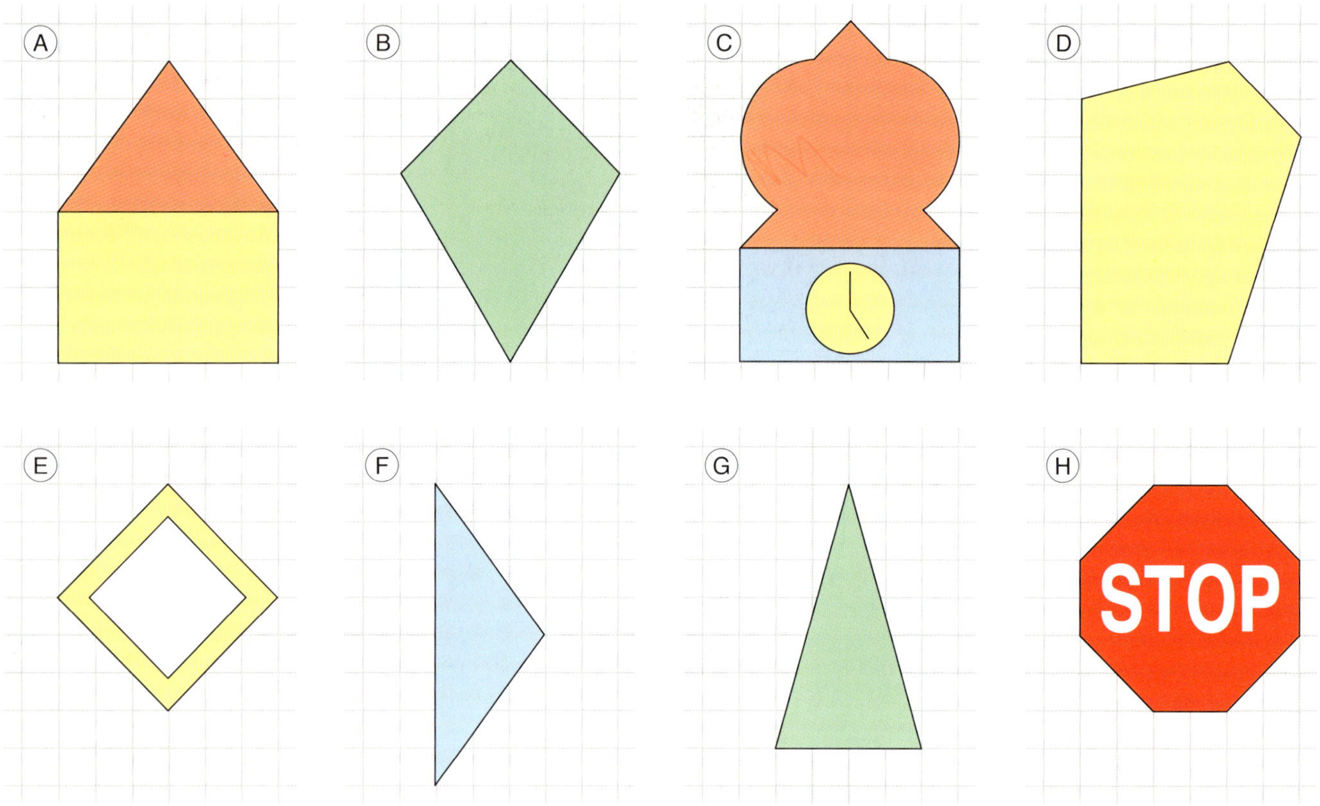


1. Übertrage die Abbildungen A bis H möglichst genau in dein Heft.
2. Bei welchen Abbildungen findest du rechte Winkel? Überprüfe mit dem Faltwinkel.
3. Kennzeichne bei den Abbildungen im Heft die rechten Winkel so: 
4. Wo findest du in deiner Umgebung rechte Winkel?
5. Fahre parallele Linien bei den Abbildungen im Heft rot nach.
6. Wo findest du in deiner Umgebung parallele Linien?

7. Wozu dienen diese Geräte?

(I) Anschlagwinkel

(J) Wasserwaage

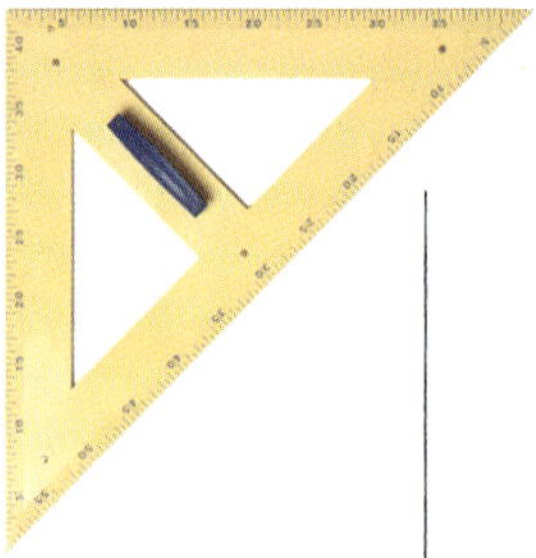
(K) Tafeldreieck für Schulen

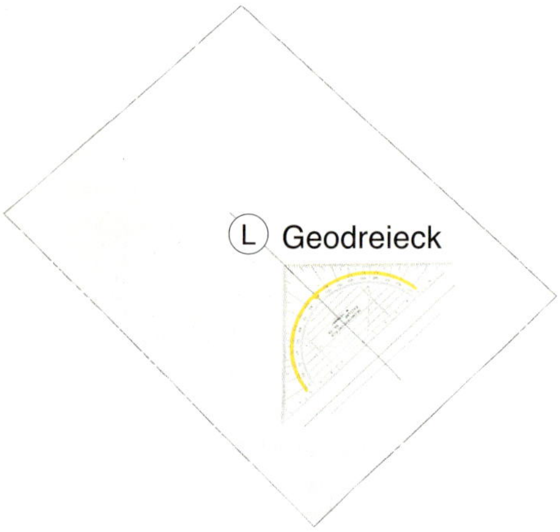
(L) Geodreieck

(M) Gehrungsschneidlade

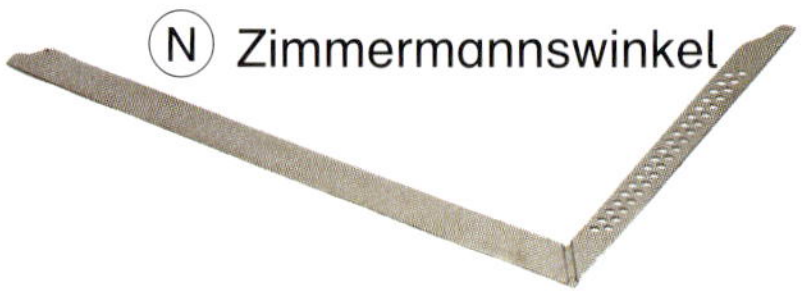
(N) Zimmermannswinkel

(O) Lot

# Experimentieren mit dem Geodreieck

① Zeichne mit dem Geodreieck mehrere Figuren auf Zeichenpapier.

② Versuche die Figuren a bis g möglichst genau auf Zeichenpapier zu übertragen.
Mit dem Geodreieck kannst du parallele Linien und rechte Winkel ganz genau zeichnen.

ⓐ

ⓑ

ⓒ

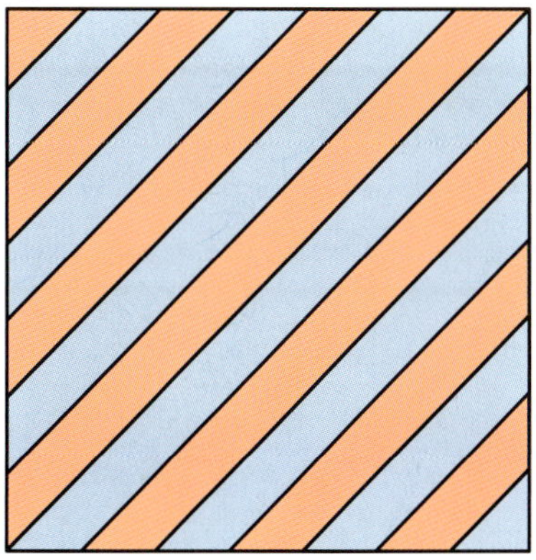

ⓓ

ⓔ

ⓖ

ⓕ

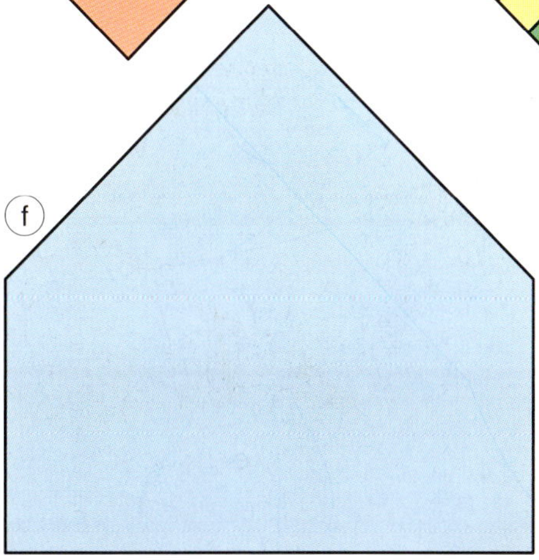

3 Zeige in den Figuren a bis g Linien, die parallel verlaufen, und Linien, die senkrecht aufeinander stehen.

④ Erfinde Figuren mit parallelen Linien und rechten Winkeln.

Schreibe die Zahlen geordnet untereinander.
Beginne mit der größten Zahl.

1 380 754, 6 836, 4 206 417, 87 069

2 426 300, 481 300, 418 300, 462 300

3 506 752, 605 752, 605 572, 506 275

4 2 917 407, 2 297 147, 2 719 704, 2 927 471

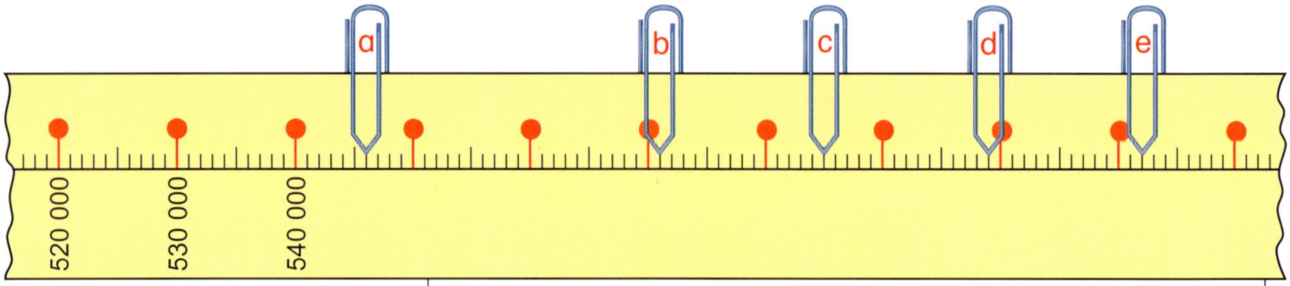


5 Schreibe die Zahlen auf, die bei den roten Punkten und den Buchstaben ⓐ bis ⓔ stehen müssten.

Einwohnerzahlen von großen deutschen Städten:

| | |
|---|---|
| München | 1 188 897 |
| Düsseldorf | 568 440 |
| Rostock | 207 431 |
| Heidelberg | 139 359 |
| Dresden | 452 827 |
| Mannheim | 308 903 |

6 Stelle die Einwohnerzahlen der 6 Städte zeichnerisch dar.

Runde zuerst auf volle Hunderttausender und färbe dann für je 100 000 Einwohner ein Heftquadrat.

7 Berechne für die vier Getränke mit Hilfe einer Tabelle die Preise für 100 ml, 200 ml, 500 ml und 1 l.

8 Ordne die Getränke nach dem Literpreis. Beginne mit dem billigsten Getränk.

9 Familie Gauger braucht täglich $1\frac{1}{2}$ Liter Milch. 1 Liter kostet 0,70 €. Berechne die Kosten für den Monat April.

10 Aus dem Hahn eines vollen Wasserbehälters fließen in einer Minute 600 Liter Wasser. Nach 8 Minuten ist der Behälter nur noch halb voll.

11 Durch eine Röhre fließen 9 l pro Minute in ein Wasserbecken. Nach drei Stunden und 20 Minuten ist das Becken gefüllt.

12 Eine Geschirrspülmaschine benötigt für einen Waschgang 18 Liter Wasser. Familie Säuberlich spült pro Monat durchschnittlich 20-mal.
1 000 l Wasser kosten 4 €.
Berechne den Wasserverbrauch und die Kosten
a) für ein halbes Jahr,
b) für ein Jahr.

13 Lena stellt Jonas auf die Probe: „Was ist schwerer, 1 kg Mehl oder 1 kg Gold?“ „Das weiß doch jeder, dass Gold schwerer ist“, antwortet Jonas. Da lacht Lena laut!

# Vorübungen zum schriftlichen Dividieren

(1) Ein Spielgewinn von 6 930 € wird gleichmäßig an 3 Personen verteilt.
Jeder erhält 2 310 €.

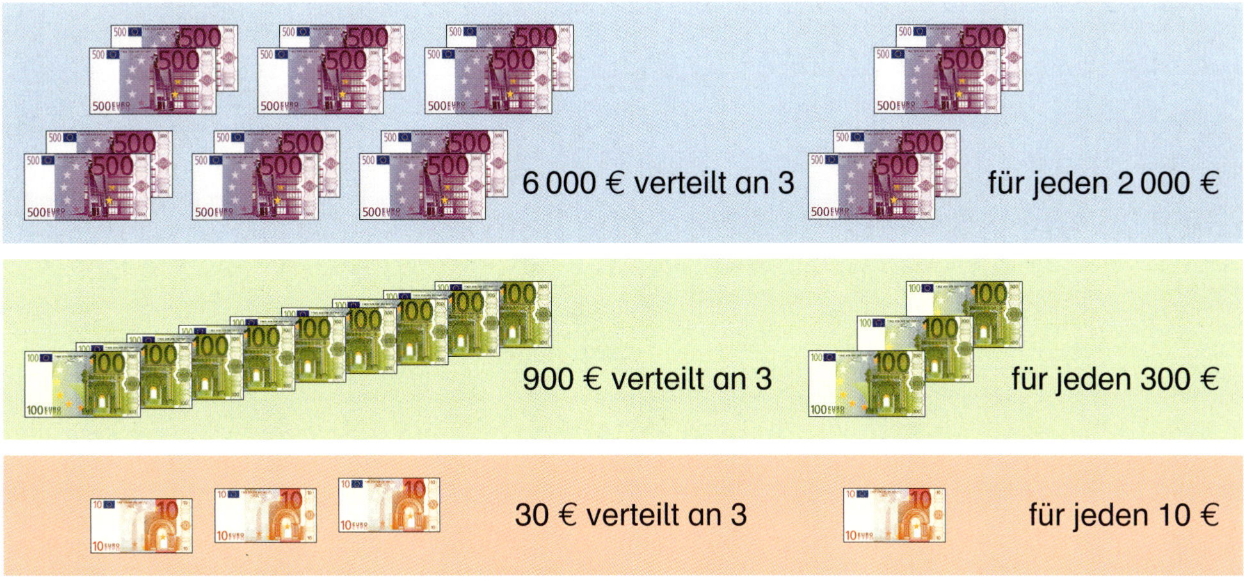


(2) 3 090 € an 3 Personen
(3) 8 420 € an 4 Personen
(4) 6 420 € an 2 Personen
(5) 5 500 € an 5 Personen
(6) 6 630 € an 6 Personen
(7) 9 930 € an 3 Personen

(8) Lies die Aufgaben. Was fällt auf?

| | | T | H | Z | E | |
|---|---|---|---|---|---|---|
| 12 : 4 | = | | | | 3 | 12 E : 4 = 3 E |
| 120 : 4 | = | | | 3 | 0 | 12 Z : 4 = 3 Z |
| 1 200 : 4 | = | | 3 | 0 | 0 | 12 H : 4 = 3 H |
| 12 000 : 4 | = | 3 | 0 | 0 | 0 | 12 T : 4 = 3 T |

Rechne mit Z, H, T oder ZT. Beispiel: 12 T : 4 = 3 T = 3 000

(9) 12 000 : 4
(10) 280 : 4
(11) 3 600 : 4
(12) 1 600 : 8
(13) 40 000 : 8
(14) 320 : 8
(15) 540 : 6
(16) 3 600 : 6
(17) 48 000 : 6
(18) 120 000 : 3
(19) 35 000 : 7
(20) 540 : 9
(21) 500 000 : 10
(22) 300 000 : 10
(23) 800 000 : 10

S. 47, Nr. 24
6 T + 4 H = 60 H + 4 H = 64 H = 6 400 ✓

Wandle jeweils in die kleinere Einheit um.

(24) 6 T + 4 H
(25) 1 T + 2 H
(26) 3 T + 9 H
(27) 1 H + 3 Z
(28) 5 H + 6 Z
(29) 9 H + 2 Z
(30) 6 Z + 6 E
(31) 8 Z + 2 E
(32) 3 Z + 9 E
(33) 1 ZT + 1 T
(34) 6 ZT + 4 T
(35) 3 ZT + 8 T
(36) 1 HT + 2 ZT
(37) 9 HT + 9 ZT
(38) 4 HT + 3 ZT

S. 48, Nr. 1

936 : 3 = 312 ✓
900 : 3 = 300
30 : 3 = 10
6 : 3 = 2

Vergiss die Kontrolle nicht (z. B. 312 · 3 = 936).

| | | | | |
|---|---|---|---|---|
| (1) 936 : 3 | (4) 426 : 2 | (7) 484 : 4 | (10) 5 500 : 5 | (13) 8 420 : 4 |
| (2) 693 : 3 | (5) 882 : 2 | (8) 844 : 4 | (11) 6 630 : 6 | (14) 6 420 : 2 |
| (3) 369 : 3 | (6) 648 : 2 | (9) 488 : 4 | (12) 3 090 : 3 | (15) 9 930 : 3 |

S. 48, Nr. 16

H Z E : 3 = H Z E
936 : 3 = 312 ✓
9
03
3
06
6
0

1. 9 H : 3 = **3** H, denn 3 H · 3 = 9 H
2. 0 H bleiben übrig.
3. 3 Z : 3 = **1** Z, denn 1 Z · 3 = 3 Z
4. 0 Z bleiben übrig.
5. 6 E : 3 = **2** E, denn 2 E · 3 = 6 E
6. 0 E bleiben übrig.

| | | | | |
|---|---|---|---|---|
| (16) 936 : 3 | (19) 264 : 2 | (22) 4 488 : 4 | (25) 6 666 : 3 | (28) 48 242 : 2 |
| (17) 396 : 3 | (20) 684 : 2 | (23) 448 : 4 | (26) 6 666 : 2 | (29) 63 969 : 3 |
| (18) 699 : 3 | (21) 468 : 2 | (24) 8 488 : 4 | (27) 8 484 : 4 | (30) 88 484 : 4 |

1. 9 ist keine Siebenerzahl.
   7 ist die nächstkleinere Siebenerzahl.
2. 7 H : 7 = **1** H, denn 1 H · 7 = 7 H
3. 2 H bleiben übrig.
4. 2 H + 8 Z = 28 Z
5. 28 Z : 7 = **4** Z, denn 4 Z · 7 = 28 Z
6. 0 Z bleiben übrig.
7. 7 E : 7 = **1** E, denn 1 E · 7 = 7 E
8. 0 E bleiben übrig.

S. 48, Nr. 31

H Z E : 7 = H Z E
987 : 7 = 141 ✓
7
28
28
07
7
0

| | | | | |
|---|---|---|---|---|
| (31) 987 : 7 | (34) 504 : 2 | (37) 755 : 5 | (40) 6 555 : 5 | (43) 40 989 : 3 |
| (32) 906 : 6 | (35) 986 : 2 | (38) 948 : 4 | (41) 8 466 : 6 | (44) 45 928 : 4 |
| (33) 968 : 8 | (36) 748 : 2 | (39) 429 : 3 | (42) 6 884 : 4 | (45) 77 854 : 7 |

S. 49, Nr. 1

```
THZE        THZE
5142 : 6 =  8
48
 3
```

1. Die 1. Stelle (5 T) ist kleiner als der Divisor (6). Ich fasse die beiden ersten Stellen zusammen.
2. 51 ist keine Sechserzahl. 48 ist die nächstkleinere Sechserzahl.
3. 48 H : 6 = 8 H, denn 8 H · 6 = 48 H
4. 3 H bleiben übrig.

```
THZE        THZE
5142 : 6 =  85
48↓
 34
 30
  4
```

5. 3 H + 4 Z = 34 Z
6. 34 ist keine Sechserzahl. 30 ist die nächstkleinere Sechserzahl.
7. 30 Z : 6 = 5 Z, denn 5 Z · 6 = 30 Z
8. 4 Z bleiben übrig.

```
THZE        THZE
5142 : 6 =  857
48↓ |
 34 |
 30 ↓
  42
  42
   0
```

9. 4 Z + 2 E = 42 E
10. 42 E : 6 = 7 E, denn 7 E · 6 = 42 E
11. 0 E bleiben übrig.

| | | | | |
|---|---|---|---|---|
| ① 5 142 : 6 | ⑥ 9 384 : 8 | ⑪ 868 : 7 | ⑯ 47 555 : 5 | ㉑ 143 502 : 6 |
| ② 4 365 : 5 | ⑦ 8 386 : 7 | ⑫ 994 : 7 | ⑰ 19 346 : 2 | ㉒ 335 468 : 7 |
| ③ 2 840 : 8 | ⑧ 8 382 : 6 | ⑬ 792 : 6 | ⑱ 87 438 : 3 | ㉓ 945 988 : 4 |
| ④ 3 964 : 4 | ⑨ 8 385 : 5 | ⑭ 888 : 6 | ⑲ 57 774 : 6 | ㉔ 129 285 : 9 |
| ⑤ 5 432 : 7 | ⑩ 9 980 : 4 | ⑮ 858 : 3 | ⑳ 31 156 : 4 | ㉕ 999 995 : 5 |

㉖ Berechne für jede Reise den Preis pro Tag.
Ordne dann die Reisen nach dem Tagespreis.

Weitere Übungsaufgaben auf Seite 112.

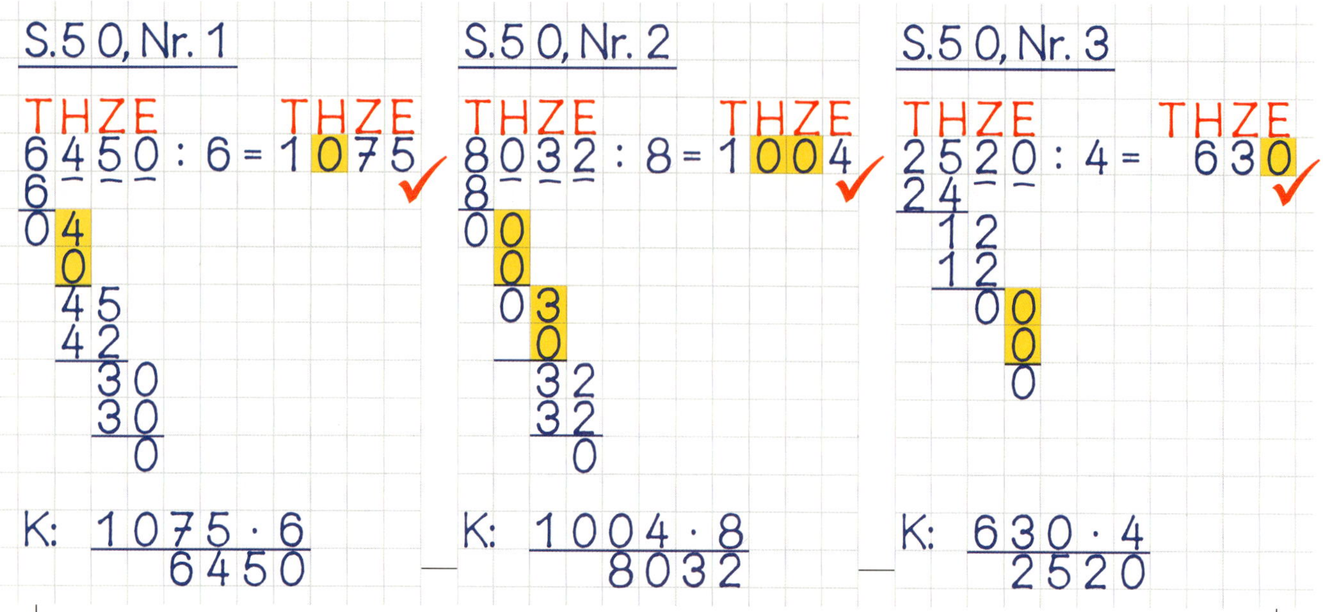


Unterstreiche jeweils die Ziffer, die du heruntergeholt hast.
Rechne zur Kontrolle die Umkehraufgabe.

| | | | | |
|---|---|---|---|---|
| (1) 6 450 : 6 | (6) 15 035 : 5 | (11) 30 660 : 7 | (16) 275 442 : 6 | (21) 900 450 : 9 |
| (2) 8 032 : 8 | (7) 24 420 : 3 | (12) 24 720 : 8 | (17) 153 800 : 5 | (22) 601 056 : 6 |
| (3) 2 520 : 4 | (8) 56 772 : 9 | (13) 81 063 : 9 | (18) 155 720 : 2 | (23) 700 490 : 7 |
| (4) 7 448 : 7 | (9) 12 376 : 4 | (14) 18 171 : 3 | (19) 360 312 : 4 | (24) 501 305 : 5 |
| (5) 9 054 : 6 | (10) 42 054 : 6 | (15) 19 663 : 7 | (20) 818 181 : 9 | (25) 800 096 : 4 |

## AUTO FRISST GELD (KOSTEN PRO JAHR)

Familie Müller (4 Personen) hat ausgerechnet, wie viel Geld sie jährlich für ihr Auto ausgibt.

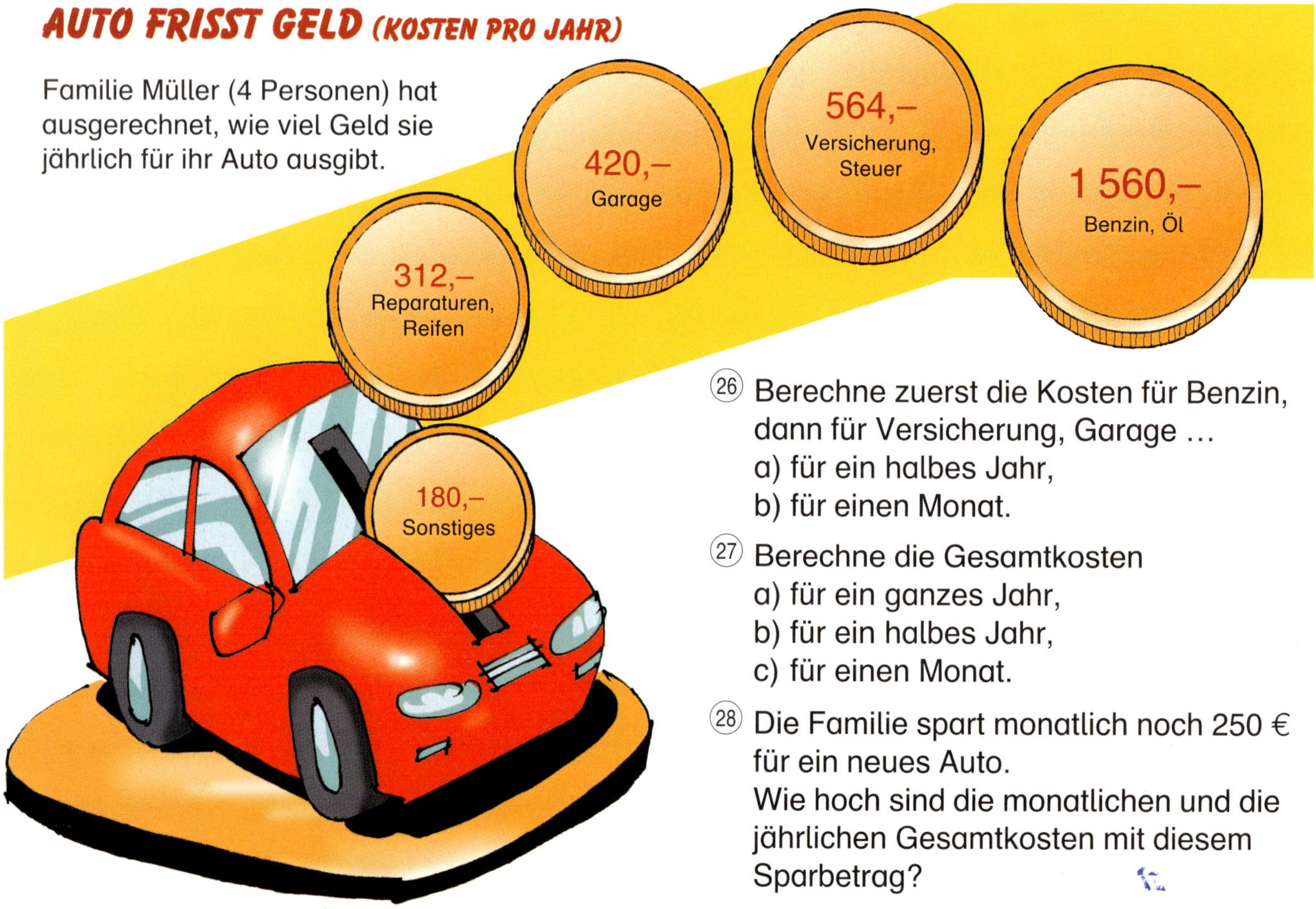


(26) Berechne zuerst die Kosten für Benzin, dann für Versicherung, Garage …
a) für ein halbes Jahr,
b) für einen Monat.

(27) Berechne die Gesamtkosten
a) für ein ganzes Jahr,
b) für ein halbes Jahr,
c) für einen Monat.

(28) Die Familie spart monatlich noch 250 € für ein neues Auto.
Wie hoch sind die monatlichen und die jährlichen Gesamtkosten mit diesem Sparbetrag?

# Schriftlich dividieren mit Rest

S. 51, Nr. 1

4050 : 8 = 506 R(2) ✓  K: 506 · 8 = 4048, + 2 = 4050

```
4050 : 8 = 506 R 2
40
 05
  0
  50
  48
   2
```

Der Rest müsste eigentlich auch noch geteilt werden!

Kennzeichne bei jeder Aufgabe den Rest. Vergiss die Kontrolle nicht.

| | | | | |
|---|---|---|---|---|
| (1) 4 050 : 8 | (6) 8 403 : 7 | (11) 5 736 : 4 | (16) 6 200 : 7 | (21) 1 000 000 : 3 |
| (2) 2 446 : 6 | (7) 6 028 : 3 | (12) 4 866 : 6 | (17) 70 000 : 6 | (22) 1 000 000 : 6 |
| (3) 1 113 : 3 | (8) 7 260 : 9 | (13) 18 209 : 3 | (18) 54 729 : 9 | (23) 1 000 000 : 7 |
| (4) 6 320 : 7 | (9) 2 004 : 5 | (14) 81 066 : 9 | (19) 100 000 : 8 | (24) 1 000 000 : 8 |
| (5) 2 121 : 4 | (10) 2 762 : 4 | (15) 3 085 : 4 | (20) 300 000 : 8 | (25) 1 000 000 : 9 |

(26) 8 gleich schwere Kisten wiegen zusammen 770 kg.

a) Für die restlichen 2 kg benötigt man eine zusätzliche Kiste.
b) Die restlichen 2 kg sind tatsächlich auf die 8 Kisten verteilt, also muss ich die 2 kg durch 8 dividieren.

(27) Am Dienstag fuhren 1 679 Personen aus dem Bodetal auf den Hexentanzplatz. Eine Gondel fasst 4 Personen.

a) Für die restlichen 3 Personen benötigt man eine zusätzliche Gondel.
b) Die restlichen 3 Personen müssen auf die Gondeln verteilt werden, also muss ich 3 durch 4 dividieren.

(28) Für 6 Tage Aufenthalt in einer Pension bezahlt Familie Ruhig 579 €.

a) Die restlichen 3 € kann Familie Ruhig noch ausgeben.
b) Wenn ich genau wissen will, wie viel Familie Ruhig für einen Tag bezahlt hat, muss ich die restlichen 3 € noch durch 6 dividieren.

(29) Eine Verpackungsmaschine verpackt immer 8 Dosen in einen Karton. 12 500 Dosen sollen verpackt werden.

a) Für die restlichen 4 Dosen benötigt man noch einen Karton.
b) Die restlichen 4 Dosen müssen auf die Kartons verteilt werden, also muss ich 4 durch 8 dividieren.

(30) 3 Geschwister kaufen zusammen eine Stereoanlage für 554 €.

a) Für die restlichen 2 € können die Geschwister noch etwas kaufen.
b) Wenn ich genau wissen will, wie viel jeder bezahlt, muss ich die restlichen 2 € noch durch 3 dividieren.

(31) Das Silo eines Zoos fasst 20 000 kg Mais. Nach 6 Tagen ist es leer.

a) Die restlichen 2 kg bekommen die Hängebauchschweine zusätzlich.
b) Wenn ich genau wissen will, wie viel Mais die Tiere pro Tag bekommen, muss ich die restlichen 2 kg noch durch 6 dividieren.

Weitere Übungsaufgaben auf Seite 112.

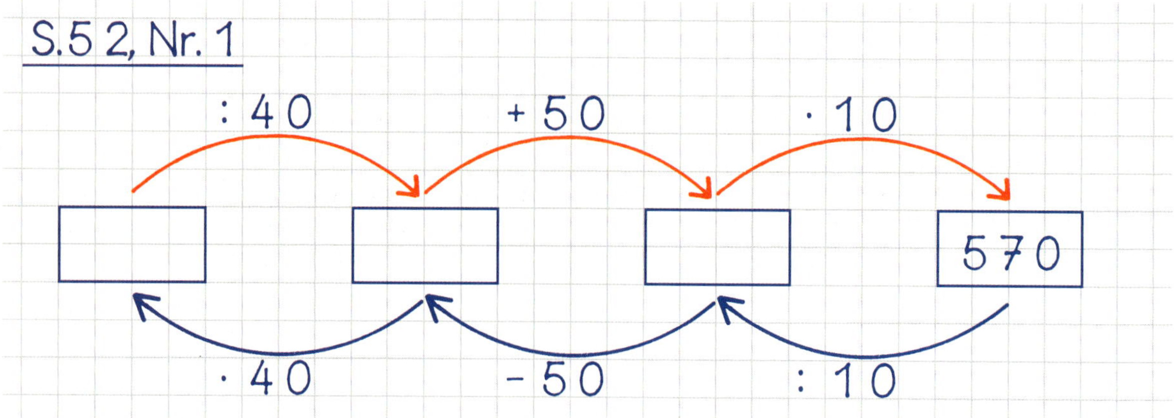


## Die Zahl heißt ...

Wie heißt die Zahl?

① Ich denke mir eine Zahl, dividiere sie durch 40, addiere 50, multipliziere mit 10 und erhalte 570.

② Ich denke mir eine Zahl, dividiere sie durch 2, subtrahiere 120, dividiere durch 10 und erhalte 48.

③ Heike denkt sich eine Zahl, multipliziert sie mit 100, berechnet dann das Doppelte, subtrahiert 200, dividiert durch 10 und erhält dann 300.

④ Carlo denkt sich eine Zahl, addiert zuerst 66, dividiert durch 4, multipliziert mit 8 und erhält 200.

⑤ Wenn man zu einer Zahl 80 addiert, dann mit 3 multipliziert und zum Schluss 200 subtrahiert, erhält man 259.

⑥ Dividiert man eine Zahl durch 9, multipliziert dann mit 6 und subtrahiert zum Schluss 72, erhält man 0.

⑦ Dividiere eine Zahl durch 7, addiere 70, multipliziere mit 9 und subtrahiere 100. Du erhältst 800.

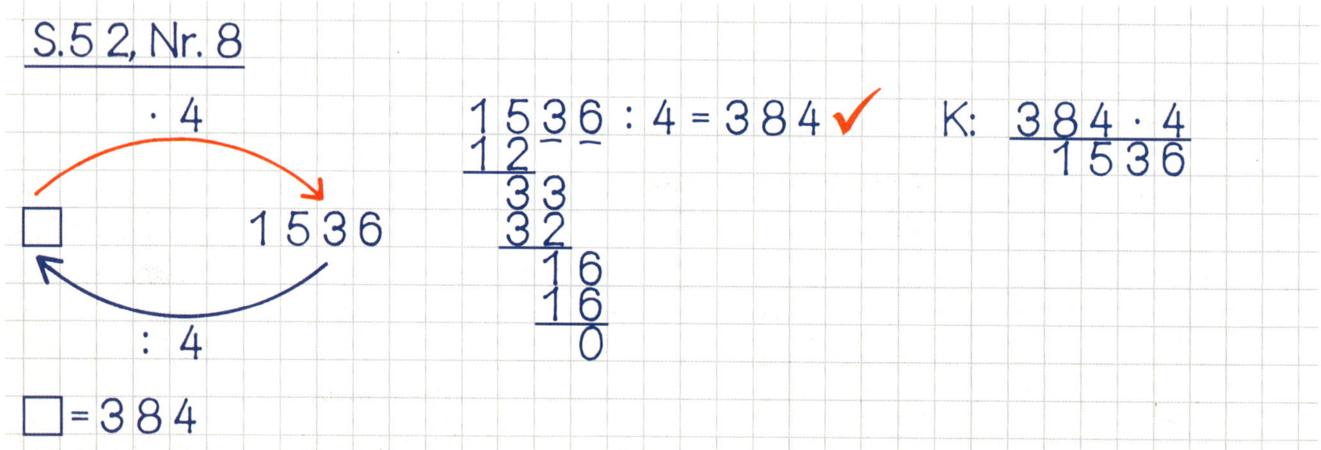


Löse mit Hilfe der Umkehraufgabe. Kontrolliere.

⑧ ▢ · 4 = 1 536
⑨ ▢ · 6 = 1 794
⑩ ▢ · 9 = 756
⑪ ▢ · 7 = 4 305

⑫ ▢ : 8 = 823
⑬ ▢ : 3 = 4 277
⑭ ▢ : 6 = 568
⑮ ▢ : 4 = 8 096

⑯ ▢ – 28 072 = 334 670
⑰ ▢ + 76 413 = 211 518
⑱ ▢ – 99 809 = 566 819
⑲ ▢ + 53 366 = 107 233

morgens — nachts — abends

1 Wie viele Stunden, Minuten und Sekunden sind seit Beginn des Tages vergangen? (Uhren A bis E)

2 Wie viele Sekunden fehlen bis zur nächsten vollen Minute?

3 Wie viele Sekunden und Minuten fehlen bis zur vollen Stunde?

4 Wie viele Stunden, Minuten und Sekunden vergehen noch bis zum Tagesende?

Wie viele Sekunden?
5 1 min 40 s
6 3 min 20 s
7 7 min 49 s
8 $\frac{1}{2}$ min

Wie viele Minuten?
9 150 s
10 2 h 12 min
11 5 h 57 min
12 $\frac{1}{4}$ h

Wie viele Stunden?
13 3 Tage 10 h
14 1 Tag 20 h
15 5 Tage 5 h
16 $\frac{1}{2}$ Tag

Wie viele Stunden?
17 300 min
18 138 min
19 294 min
20 400 min

21 Werbung im Fernsehen kostet viel Geld. Bei der ARD kostet jede Sekunde mindestens 185,60 €.
Die Werbesendung für das Katzenfutter Katzifroh dauert 7 Sekunden.
Am Mittwoch wird die Sendung viermal gesendet.

22 Miss die Dauer von Werbesendungen im Fernsehen und berechne die Kosten.
Preise für Werbesendungen bei

| | | |
|---|---|---|
| WDR | mindestens | 78,88 € pro Sekunde, |
| SWR | mindestens | 44,08 € pro Sekunde, |
| MDR | mindestens | 31,32 € pro Sekunde. |

23 Der Drucker von Rahels Computer druckt pro Minute 6 Seiten schwarz-weiß oder 4 Seiten in Farbe.
Rahel möchte eine Datei mit 14 Seiten ausdrucken.
Wie lange dauert der Ausdruck, wenn Rahel in Farbe drucken lässt?
Wie viele Sekunden könnte sie sparen, wenn sie schwarz-weiß ausdrucken ließe?

24 DieTelefonfirma Gutcall bietet Ferngespräche zu einem Preis von 3 ct für 12 s an, die Firma Telegut verlangt für jede angefangene Minute eines Ferngesprächs 10 ct.
Für welche Sprechzeiten ist Gutcall günstiger, für welche Telegut?

Weitere Übungsaufgaben auf Seite 112.

# Abfahrt DB Mannheim Hbf

**Departure / Départ**

| | Zeit | Zug | Richtung | Gleis |
|---|---|---|---|---|
| | **7.00** | | | |
| ① bis ⑤ | **7.06** | *ICE* 993 | *Isar-Sprinter*<br>**München 9.43** | **5** |
| ⚒ außer ⑥ | **7.08** | *RB* 7105 🚲 | Schwetzingen 7.22 – Hockenheim 7.29 –<br>**Waghäusel 7.37** ( – Karlsruhe 8.14) | **10** |
| ⚒ außer ⑥ | **7.09** | *RB* 7302 | Ludwigshafen 7.13 – **Neustadt 7.43**<br>*nur 2. Klasse* | **2** |
| | **7.10** | *IR* 361 | Stuttgart 7.55 – Ulm 9.00 – Lindau 10.51 – **Bregenz 11.09** | **4** |
| | **7.11** | *SE* 3193 | Heidelberg 7.30 – Bruchsal 8.03 – **Karlsruhe 8.23** | **8** |
| ① bis ⑥ | **7.17** | *ICE* 674 🍴 | *Herrenhausen*<br>Frankfurt 7.56 – Kassel-Wilhelmshöhe 9.17 – Göttingen 9.35 –<br>Hannover 10.08 – Hamburg Hbf 11.22 | **3** |
| ⚒ außer ⑥ | **7.23** | *RB* 7108 🚲 | Mannheim-Waldhof 7.33 –<br>**Lampertheim 7.39** | **9** |
| | **7.25** | *SE* 3370 | Ludwigshafen 7.29 – Neustadt 7.59 –<br>Kaiserslautern 8.27 – **Homburg (Saar) 9.04** | **1** |
| | **7.27** | *ICE* 995 🍴 | *Rheingau*<br>Stuttgart 8.06 – Ulm 9.04 –<br>Augsburg 9.43 – **München 10.15** | **4** |
| ⚒ außer ⑥ | **7.29** | *RE* 3682 | **Ludwigshafen 7.33** | **8** |
| ⚒ | **7.30** | *SE* 3379 | Mannheim-Friedrichsfeld Süd 7.37 –<br>Hd-Wieblingen 7.42 – **Heidelberg 7.46** | **10** |
| | **7.31** | *ICE* 271 🍴 | *Johanna Spyri*<br>Karlsruhe 7.56 – Offenburg 8.30 – Freiburg 9.00 –<br>Basel Bad Bf 9.35 – Basel SBB 9.42 – **Zürich 10.45** | **5** |
| | **7.35** | *ICE* 896 🍴 | *Brandenburger Tor*<br>Frankfurt (Main) 8.10 – Fulda 9.08 – Kassel-Wilhelmshöhe 9.41 –<br>Göttingen 10.00 – Hildesheim 10.31 – Braunschweig 10.58 –<br>Berlin-Spandau 12.05 – Berlin Zoo 12.16 – **Berlin Ostbahnhof 12.32** | **3** |
| ① bis ⑥ | **7.36** | *ICE* 506 🍴 | *Stolzenfels*<br>Mainz 8.16 – Koblenz 9.05 – Bonn 9.37 – Köln 9.59 –<br>Düsseldorf 10.31 – Duisburg 10.44 – Essen 10.57 –<br>Dortmund 11.19 – **Bielefeld 12.08** | **2** |
| | **7.43** | *RE* 3108 | Ma-Waldhof 7.49 – Lampertheim 7.55 –<br>Biblis 8.05 – **Frankfurt (Main) 8.55** | **7** |
| | **7.43** | *RB* 7109 🚲 | Schwetzingen 7.57 – Hockenheim 8.04 –<br>Waghäusel 8.12 – **Karlsruhe 8.38** | **10** |
| ⚒ | **7.46** | *RB* 6928 | Ludwigshafen 7.50 – **Neustadt 8.18** | **1** |
| | **7.50** | *SE* 6418 | Ludwigshafen 7.54 – Frankenthal 8.01 –<br>Worms 8.13 – **Mainz 9.08** | **2** |
| | **7.54** | *IC* 611 🍴 | *Saar-Kurier*<br>Heidelberg Hbf 8.04 – Stuttgart 8.49 – Ulm 9.53 –<br>Augsburg 10.34 – München-Pasing 10.59 – **München 11.10** | **4** |
| ⚒ | **7.54** | *RB* 7110 🚲 | Lampertheim 8.05 – **Biblis 8.22** –<br>Frankfurt Hbf 9.37 | **9** |

## Zeichenerklärung

*ICE* InterCityExpress
*IC* InterCity
*IR* InterRegio
*RE* RegionalExpress
*SE* StadtExpress
*RB* RegionalBahn
① bis ⑤ Montag bis Freitag
① bis ⑥ Montag bis Samstag
⚒ an Werktagen
⚒ außer ⑥ an Werktagen außer Samstag
🚲 Fahrradmitnahme
🍴 Bord Restaurant

# Einen Fahrplan untersuchen

① Untersucht den abgebildeten Fahrplanausschnitt.
- Was kann man in den einzelnen Spalten ablesen?
- Was steht in den einzelnen Zeilen?
- Was bedeuten die Bezeichnungen ***ICE***, ***IC***, ***IR***, ***RE***, ***SE***, ***RB***?
- Was sagen die folgenden Zeichen?
  ① bis ⑤, ① bis ⑥, ⚒, ⚒ außer ⑥, 🍴, 🚲
- Wie viele der angegebenen Züge fahren an Werktagen, wie viele an Sonn- und Feiertagen?
- Wie viele Züge fahren nur an Werktagen, wie viele nur an Sonn- und Feiertagen?

② Mit welchen Zügen kann man nach Ludwigshafen fahren?
Schreibe jeweils Abfahrtszeit, Zugnummer, Ankunft, Fahrzeit und Gleisnummer auf.

③ Schreibe von allen Zügen, die nach Frankfurt fahren, Zugnummer und Fahrzeit auf.

④ Berechne die Fahrzeit der Züge, die
a) nach Karlsruhe,
b) nach Neustadt fahren.

⑤ Wie lange braucht der ICE für die Fahrt von Mannheim nach Bielefeld?

⑥ Familie Schulz aus Mannheim fährt nach Lampertheim. Die Fahrt dauert etwa 11 min.
Mit welchem Zug ist sie gefahren?

⑦ Frau Schneider fährt nach Ulm. Die Fahrt dauert etwa 1 h und 37 min.
Mit welchem Zug fährt sie?

⑧ Ein Zug fährt um 7.31 Uhr in Mannheim ab.
Wo kommt er nach 1 h 29 min an?

⑨ Ein Zug fährt um 7.35 Uhr in Mannheim ab.
Wo kommt er nach 3 h 23 min an?

⑩ Herr Bühlen will spätestens um 8.00 Uhr in Heidelberg sein.
Mit welchen Zügen kann er fahren?
Wie lange dauert jeweils die Fahrt?

⑪ Herr Breitrück will nach München fahren.
Welches ist der schnellste Zug?

⑫ Frau Mildenberger fährt nach Offenburg.
Mit welchem Zug fährt sie?
Wie lange dauert die Fahrt?

⑬ Besorgt einen Abfahrts-Fahrplan an einem Bahnhof in der Nähe eurer Schule und untersucht ihn.

⑭ Familie Schmidt fährt mit dem ICE 896 von Mannheim nach Göttingen.
In Fulda steigt Herr Groß zu, er fährt bis Berlin Zoo.
a) Wie lange fährt Familie Schmidt?
b) Wie lange fährt Herr Groß?
c) Wie lange sind Familie Schmidt und Herr Groß gemeinsam im ICE 896?

⑮ Erfinde eigene Aufgaben.

DB Reise & Touristik
Deutsche Bahn Gruppe

# Ihr Reiseplan

## ICE 787 Karl Adam

Gültig ab April 2000
Valid from April 2000

Herzlich willkommen! Welcome on board!

**ICE 787 Karl Adam**
**Hamburg – München**

Dieses Faltblatt informiert Sie über den Namen, den Fahrplan und die Anschlüsse des Zuges, die Serviceleistungen im Zug und am Bahnhof.

Karl Adam (* Hagen 2.5.1912, † Bad Salzuflen 18.6.1976) leitete die Ruderakademie in Ratzeburg von 1964 bis 76 und war als Rudertrainer aktiv. Unter seiner Leitung gewann der „Deutschlandachter" bei Olympischen Spielen zwei Goldmedaillen.

## Service im Zug

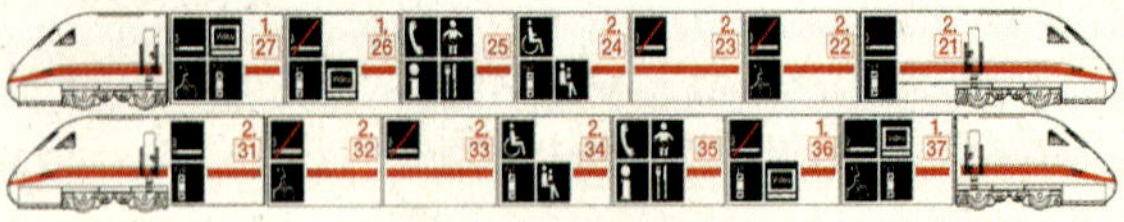

**Ab 9.49**
### Hamburg-Altona
5 km

**Ab 9.56**
### Hamburg Dammtor
1 km

**Ab 10.02**
### Hamburg Hbf
12 km

**An 10.10 Ab 10.12**
### Hamburg-Harburg
Gleis 4 – 167 km

**An 11.25 Ab 11.28**
### Hannover Hbf
Gleis 4 – 99 km

11.34 **SE 34557** – Mo - Fr, nicht 21., 24. Apr – Lehrte 11.55 Hildesheim Hbf 12.21 Gleis 12
11.35 **RB 25167** – Mo - Sa, nicht 21., 24. Apr – Hildesheim Hbf 12.06 Gleis 3
11.38 **IR 2546 Minden (Westf) 12.08 Bad Oeyenhausen 12.18 Bünde (Westf) 12.31 Osnabrück Hbf 12.55 Münster (Westf) Hbf 13.21** Gleis 13
11.38 **RE 24310** Langenhagen (Han) 11.46 Celle 12.07, weiter in Richtung Uelzen Gleis 9
11.42 **ICE 71 „Helvetia" Frankfurt am Main Hbf 14.01 Mannheim Hbf 14.42 Karlsruhe Hbf 15.06 Offenburg 15.40 Freiburg (Brsg) Hbf 16.11 Basel Bad Bf 16.48 Basel SBB 16.55** Gleis 4
11.43 **IR 2586 „Ostfriesland" Nienburg (Weser) 12.10 Verden (Aller) 12.26, weiter in Richtung Norddeich Mole** Gleis 14
11.46 **SE 34434** – Mo - Sa, nicht 21., 24. Apr – Weetzen 11.59 Hameln 12.34 Bad Pyrmont 12.48 Altenbeken 13.21 Paderborn Hbf 13.35 Gleis 2
11.46 **SE 34436** – So, auch 21., 24. Apr. – Weetzen 11.59 Hameln 12.34 Bad Pyrmont 12.49 Gleis 2
11.47 **RE 24061** Lehrte 11.59 Peine 12.14 Braunschweig Hbf 12.33 Gleis 11
11.57 **SE 94216** Wunstorf 12.18 Nienburg (Weser) 12.49 Gleis 2
12.00 **ICE 924 „Hildegard von Bingen" Berlin-Spandau 13.25 Berlin Zool. Garten 13.36 Berlin Ostbf 13.52** Gleis 9
12.04 **SE 94316** Lehrte 12.25 Burgdorf (Han) 12.40, weiter in Richtung Celle Gleis 12
12.08 **RE 24008** Wunstorf 12.21 Haste (Han) 12.27 Minden (Westf) 13.20 Melle 13.31 Osnabrück Hbf 13.46, weiter in Richtung Bad Bentheim Gleis 11

**An 12.01 Ab 12.03**
### Göttingen
Gleis 10 – 44 km

12.06 **RB 25508** Bodenfelde 12.55 Bad Karlshafen 13.05 Ottbergen 13.22 Gleis 6
12.08 **RB 14365** Eichenberg 12.23 Hann Münden 12.47 Kassel Hbf 13.11 Gleis 5
12.10 **RE 24312** – Northeim (Han) 12.22, weiter in Richtung Hannover Hbf Gleis 7
12.15 **RE 14065** Eichenberg 12.30 Bad Sooden Allendorf 12.44 Eschwege West 12.52 Bebra 13.16 Gleis 5
12.19 **RE 16007** Heiligenstadt (Eichsf) 12.46 Leinefelde 12.59 Mühlhausen (Thür) 13.26 Bad Langensalza 13.39 Gotha 14.03 Neudietendorf 14.20 Erfurt Hbf 14.31 Gleis 6

**An 12.24 Ab 12.26**
### Kassel-Wilhelmshöhe
Gleis 1

12.29 **RE 14181** Wabern (Bz Kassel) 12.48 Treysa 13.04 Neustadt (Kr Marburg) Stadtallendorf 13.18 Kirchhain 13.24 Marburg (Lahn) 13.35 Gießen 13.52 Friedberg (Hess) 14.11 Frankfurt am Main Hbf 14.37 Gleis 7
12.34 **RB 14314** Kassel Hbf 12.38, weiter in Richtung Göttingen Gleis 9
12.46 **RB 14017** Melsungen 13.03 Bebra 13.25 Bad Hersfeld 13.35 Fulda 14.02 Gleis 7
12.50 **RB 12106** Kassel Hbf 12.54 Hofgeismar 13.23 Warburg (Westf) 13.41 Marsberg 13.59 Brilon Wald 14.21 Bestwig 14.36 Arnsberg (Westf) 15.01 Fröndenberg 15.23 Schwerte (Ruhr) 15.34 Hagen Hbf 15.45 Gleis 8

Fortsetzung →

(1) In den Fernzügen der Deutschen Bahn liegen Reisepläne aus. Sie informieren über die ganze Fahrt des betreffenden Zuges. Hier ein Ausschnitt aus dem Reiseplan des ICE 787 Karl Adam.

Erfindet interessante Aufgaben.

(2) Untersucht Reisepläne anderer Fernzüge.

| Wie viele Tage? | Wie viele Wochen? | Wie viele Monate? | Wie viele Jahre? |
|---|---|---|---|
| (3) 100 h | (7) 50 Tage | (11) 10 Jahre | (15) 20 Monate |
| (4) 78 h | (8) 100 Tage | (12) 6 Jahre 11 Monate | (16) 60 Monate |
| (5) 10 Wochen 3 Tage | (9) 84 Tage | (13) $\frac{1}{4}$ Jahr | (17) 84 Monate |
| (6) 7 Wochen 6 Tage | (10) 365 Tage | (14) $\frac{1}{2}$ Jahr | (18) 120 Monate |

① Bei einer Theatervorstellung wurden 1 488 € eingenommen.

② Bauer Schropp füllt 600 kg Kartoffeln in Tüten zu je 5 kg ab.

③ Für acht gleich große Wohnungen eines Wohnhauses bezahlen die Mieter monatlich insgesamt 3 904 €.

④ So viel erhielt Herr Dietl für Gartenarbeit.
Er arbeitete von 8 Uhr bis 15 Uhr; eine Stunde hatte er Mittagspause.

⑤ Kim sollte nicht länger als 45 Minuten am Tag fernsehen. Gestern schaute sie sich von 16.20 Uhr bis 16.35 Uhr „Vorsicht Hund!" und von 17.40 Uhr bis 18.05 Uhr „Flipper" an.

⑥ Nicola möchte Folgendes kaufen: Ein Wanderzelt für 85 €, eine Luftmatratze für 15,90 € und einen Schlafsack für 79 €. Das Geld für den Einkauf hebt sie von ihrem Sparkonto ab, auf dem sie 484 € angespart hat.

⑦ Frau Reiner kauft einen DVD-Player für 399 €, Lautsprecherboxen für 299,90 € und Kopfhörer für 49,95 €. Frau Reiner bezahlt mit einem 500-€-Schein und zwei 200-€-Scheinen.

⑧ Markus und seine zwei Freunde werfen beim Spielen eine Fensterscheibe ein. Die neue Scheibe kostet 68,20 €. Für das Einsetzen werden 27,80 € berechnet. Jeder der drei Freunde bezahlt gleich viel.

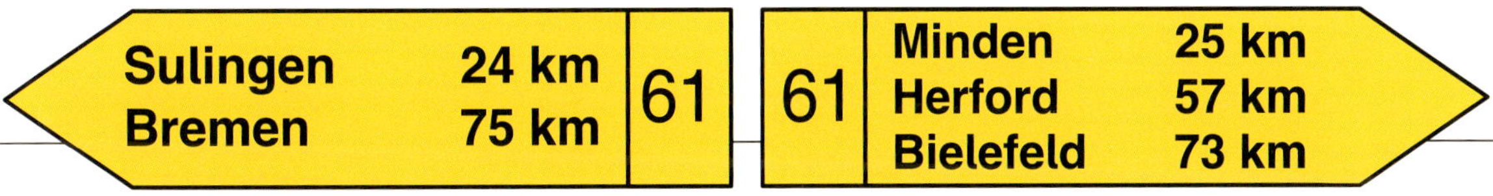


⑨ Dem Wegweiser kannst du insgesamt 10 Entfernungen entnehmen.

⑩ Die zwei Freunde Marcel und Dominik wohnen in den beiden Städten, die am nächsten beieinander liegen. Marcel fährt mit dem Fahrrad zu Dominik. Um 8.15 Uhr startet er, in 15 min legt er 4 km zurück. Unterwegs macht er noch 10 min Pause.

⑪ Frau Fix wohnt in Bielefeld. Sie fährt mit ihrem Mann zu einem Theaterbesuch nach Bremen. Die Theaterkarten kosten insgesamt 52 €, die Übernachtung mit Frühstück 39 € pro Person. Frau Fix rechnet noch 6 Cent Benzinkosten pro Kilometer.

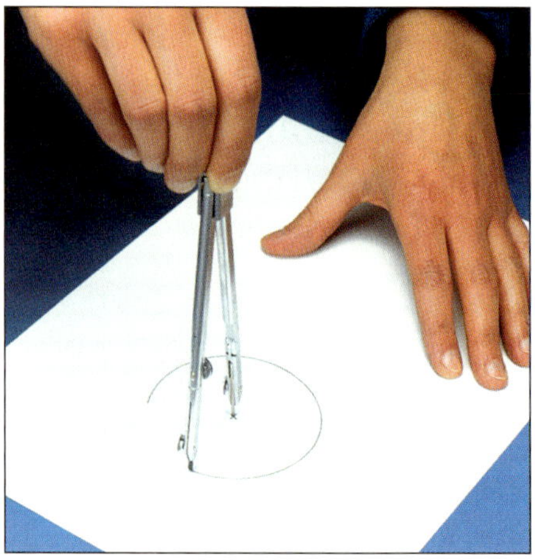

(1) Zeichne Kreise und Schmuckfiguren mit Kreisen.

(2) Übertrage die Figuren A bis E mit Hilfe von Zirkel und Geodreieck möglichst genau auf Zeichenpapier.

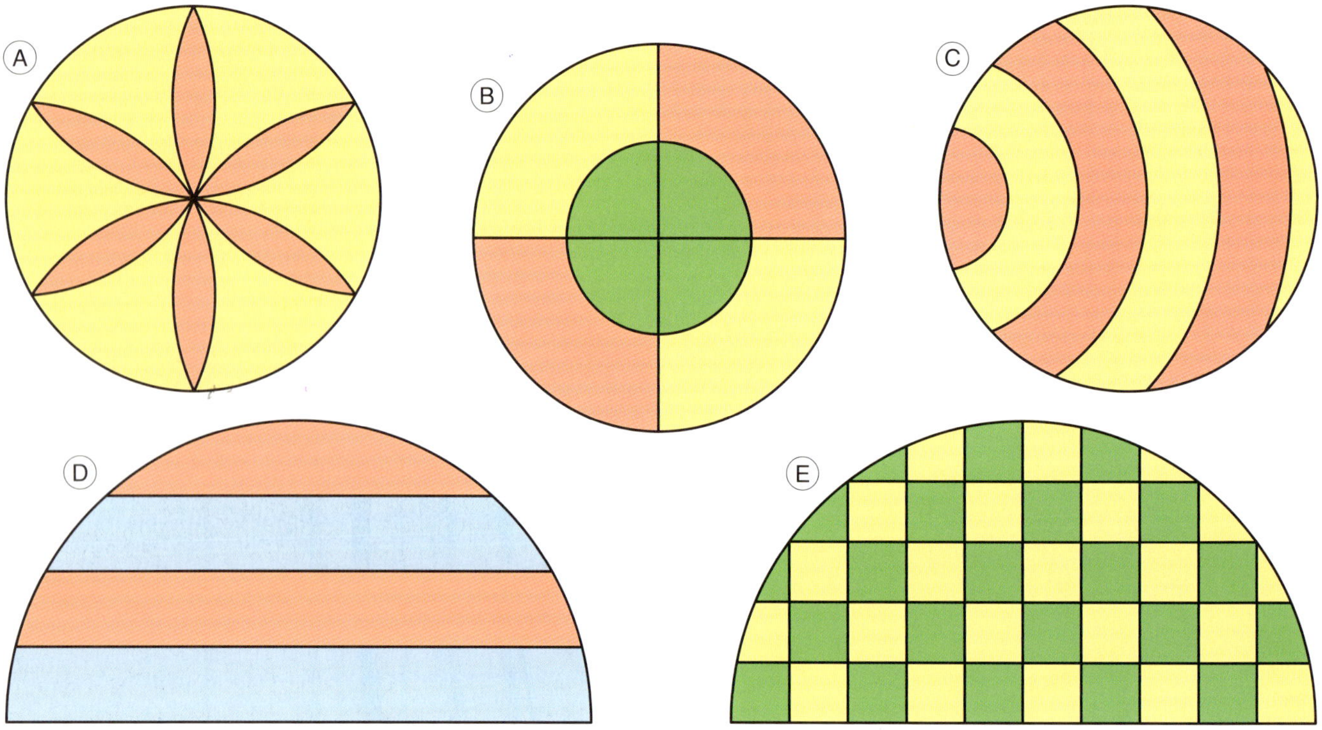


Zeichne Kreise.

(3) Radius: 3 cm
(4) Radius: 4 cm
(5) Radius: 6 cm
(6) Radius: 3 cm 5 mm
(7) Radius: 4 cm 8 mm
(8) Radius: 5 cm 6 mm
(9) Durchmesser: 4 cm
(10) Durchmesser: 5 cm
(11) Durchmesser: 7 cm

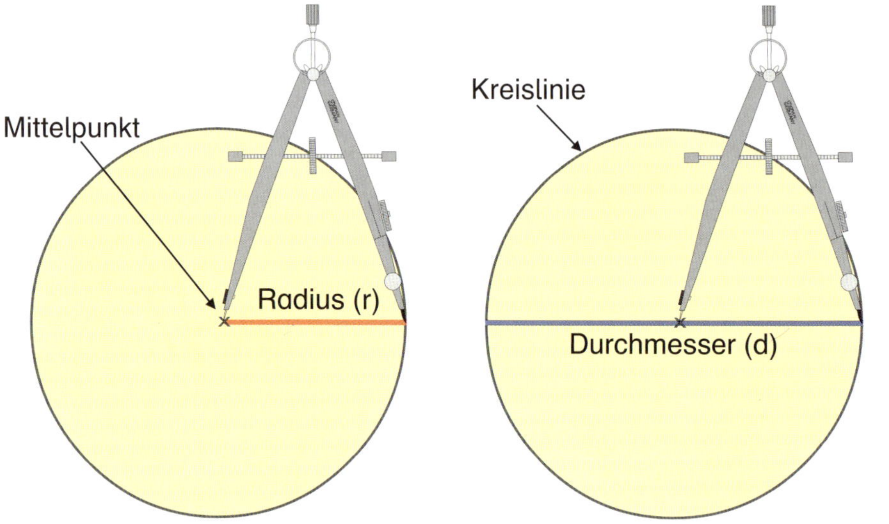

① Drei Geschwister erben von ihrer Tante 12 375 €. Das Geld soll gleichmäßig verteilt werden.
Wie viel Geld bekommt jedes Kind?

② Ich denke mir eine Zahl, dividiere sie durch 9, addiere 972, multipliziere mit 7 und erhalte 7 042.
Wie heißt die Zahl?

③ 4 Personen spielen zusammen Fußballtoto mit gleichem Einsatz.
Sie gewinnen 36 416 €.
Wie viel Geld erhält jeder Spieler?

④ Dividiert man eine Zahl durch 4, multipliziert dann mit 6, addiert 520 und subtrahiert zum Schluss 1 000, erhält man 0.

**A**

**morgens**

**B**

5 Wie viele Sekunden fehlen bis zur vollen Minute?

6 Wie viele Sekunden und Minuten fehlen bis zur vollen Stunde?

7 Wie viele Sekunden, Minuten und Stunden vergehen noch bis zum Tagesende?

8 Berechne die Zeitspanne zwischen den beiden Zeitpunkten A und B.

| | Anfang | Dauer | Ende |
|---|---|---|---|
| 9 | 3.30 Uhr | 12 h 18 min | |
| 10 | 20.50 Uhr | 2 h 45 min | |
| 11 | 17.45 Uhr | 8 h 20 min | |
| 12 | 14.30 Uhr | | 19.55 Uhr |
| 13 | 20.45 Uhr | | 4.10 Uhr |

| | Anfang | Dauer | Ende |
|---|---|---|---|
| 14 | 4.15 Uhr | | 21.10 Uhr |
| 15 | 0.05 Uhr | | 23.55 Uhr |
| 16 | | 4 h 45 min | 8.20 Uhr |
| 17 | | 16 h 20 min | 18.45 Uhr |
| 18 | | 8 h 15 min | 5.10 Uhr |

⑲ Im SWR-Hörfunk kostet die Sekunde Werbung mindestens 4,79 €.
Die Werbesendung für das Putzmittel „Alles klar“ dauert 9 Sekunden.
Montag bis Freitag wird die Sendung je 5-mal, am Samstag 7-mal und am Sonntag gar nicht gesendet.

⑳ Der Drucker von Frau Klaus druckt pro Minute 12 Seiten schwarz-weiß oder 6 Seiten in Farbe. Frau Klaus möchte eine Arbeit von insgesamt 198 Seiten ausdrucken; 42 der Seiten sollen farbig werden.
Wie lange dauert die reine Druckzeit?

㉑ Palindrome sind Wörter oder Zahlen, die vorwärts oder rückwärts gelesen den gleichen Sinn oder bei Zahlen den gleichen Wert ergeben.

Beispiele: **ANNA**, **MARKTKRAM**, **UHU**, **RELIEFPFEILER**
zweistellige Zahlen: **11**, **22**, **33** …
dreistellige Zahlen: **101**, **111**, **121** …

a) Wie viele dreistellige Palindrome gibt es?
b) Wie viele vierstellige Palindrome gibt es?

Weitere Übungsaufgaben auf Seite 112.

① Die Aufgabe 80 · 3 000 kann man auf verschiedene Arten lösen.
Erkläre die beiden Lösungswege. Suche weitere Möglichkeiten.

80 · 3 = 240
240 · 1 000 = 240 000

8 · 3 = 24
24 · 10 · 1 000 = 240 000

② 80 · 300
③ 40 · 600
④ 40 · 500
⑤ 50 · 900
⑥ 700 · 60
⑦ 600 · 70
⑧ 300 · 600
⑨ 600 · 700
⑩ 7 000 · 200
⑪ 30 · 8 000

S. 6 0, Nr. 1 2
Ü: 4 000 · 6 0 = 2 4 0 000
3 6 7 6 · 6 0
2 2 0 5 6 0 ✓
Die Sendung kostet 2 2 0 5 6 0 €.

Zuerst 3 676 · 6,
dann · 10

⑫ Die Kosten für eine Fernsehsendung betragen pro Minute 3 676 €.
Berechne die Kosten für eine einstündige Sendung.

⑬ 359 · 60
⑭ 428 · 60
⑮ 722 · 50
⑯ 2 135 · 30
⑰ 3 608 · 40
⑱ 6 070 · 70
⑲ 281 · 200
⑳ 643 · 400
㉑ 517 · 300
㉒ 806 · 800
㉓ 37 · 800
㉔ 209 · 900
㉕ 388 · 700
㉖ 79 · 700
㉗ 769 · 600

## WASSER SPAREN

28 Durch neue Geräte lässt sich viel Wasser einsparen.
Wie viel Wasser kann Familie Saubermann (4 Personen) im Jahr (rund 50 Wochen) sparen?

a) Mit einem neuen Toilettenspülkasten: Jede Person spült täglich etwa 4-mal.

b) Mit einer neuen Waschmaschine: Die Familie wäscht wöchentlich 4-mal.

c) Mit einer neuen Geschirrspülmaschine: Wöchentlich wird 5-mal gespült.

d) Durch die Anschaffung der 3 neuen Geräte insgesamt.

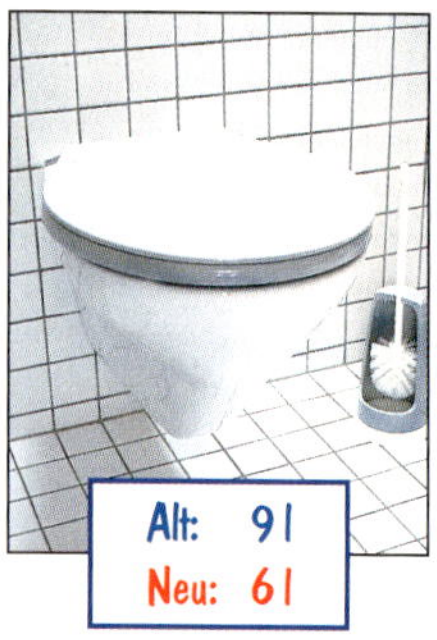

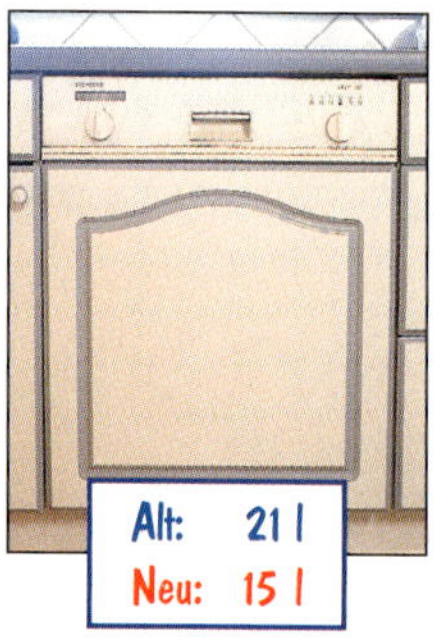


### Toilettenspülung

| | 1-mal | 4-mal pro Tag | 1 Woche | 50 Wochen | 4 Personen |
|---|---|---|---|---|---|
| Alt | 9 l | | | | |
| Neu | 6 l | | | | |
| Unterschied | | | | | |

S. 61, Nr. 1

Ü: 6000 · 30 = 180 000

```
6317 · 25
 126340
  31585
     1
 157925 ✓
```

❶ 6 317 · 2, dann · 10

❷ 6 317 · 5

| | | | | |
|---|---|---|---|---|
| (1) 6 317 · 25 | (4) 4 078 · 47 | (7) 2 188 · 56 | (10) 8 008 · 91 | (13) 2 345 · 67 |
| (2) 7 064 · 25 | (5) 3 165 · 47 | (8) 3 074 · 63 | (11) 6 421 · 85 | (14) 6 789 · 85 |
| (3) 9 470 · 25 | (6) 7 777 · 47 | (9) 1 945 · 72 | (12) 3 456 · 77 | (15) 2 058 · 67 |

S. 61, Nr. 16

Ü: 6000 · 200 = 1 200 000

```
6317 · 205
 1263400
   31585

 1294985 ✓
```

❶ 6 317 · 2, dann · 100

❷ 6 317 · 5

| | | | | |
|---|---|---|---|---|
| (16) 6 317 · 205 | (19) 608 · 406 | (22) 1 718 · 360 | (25) 3 451 · 770 | (28) 2 345 · 830 |
| (17) 1 348 · 205 | (20) 326 · 503 | (23) 4 035 · 270 | (26) 2 888 · 630 | (29) 6 789 · 803 |
| (18) 1 706 · 205 | (21) 719 · 307 | (24) 6 190 · 840 | (27) 9 006 · 940 | (30) 2 058 · 308 |

S. 61, Nr. 31

Ü: 6000 · 200 = 1 200 000

```
6317 · 245
 1263400
  252680
   31585
   1  11
 1547665 ✓
```

❶ 6 317 · 2, dann · 100

❷ 6 317 · 4, dann · 10

❸ 6 317 · 5

| | | | | |
|---|---|---|---|---|
| (31) 6 317 · 245 | (34) 326 · 315 | (37) 4 035 · 238 | (40) 2 888 · 299 | (43) 2 345 · 6 789 |
| (32) 1 816 · 245 | (35) 817 · 263 | (38) 3 218 · 652 | (41) 3 451 · 316 | (44) 6 789 · 2 345 |
| (33) 1 725 · 245 | (36) 405 · 437 | (39) 5 043 · 777 | (42) 7 093 · 987 | (45) 2 058 · 2 058 |

Weitere Übungsaufgaben auf Seite 112.

**Barpreis**
**30 575,–**

Anzahlung: 6 309,–
12 Raten zu 2 147,–

Anzahlung: 6 309,–
24 Raten zu 1 105,–

Anzahlung: 6 309,–
36 Raten zu 765,–

Anzahlung: 6 309,–
72 Raten zu 427,–

① Berechne die vier verschiedenen Preise bei Ratenzahlung.

② Vergleiche jeden der vier Ratenpreise mit dem Barpreis. Was fällt auf?

**Stereo-Farbfernsehgerät** **1 099,–**

**Ratenzahlung:**
a) 12 Raten zu 98,–
b) 18 Raten zu 67,–
c) 24 Raten zu 56,–

③ Berechne die drei Ratenpreise und vergleiche sie mit dem Barpreis.

④ Frau Maus kauft einen neuen Computer. Anzahlung: 750 €, Rest von 1 152 € in 6 Raten.
a) Wie viel kostet der Computer?
b) Wie hoch ist eine Monatsrate?

⑤ Familie Falk kauft einen neuen Pkw. Anzahlung: 14 000 €, Rest von 5 688 € in 9 Raten.
a) Wie viel kostet der Pkw?
b) Wie hoch ist eine Monatsrate?

⑥ Familie Schuderer kauft eine neue Einbauküche für 6 000 €.

| Kreditbetrag | 12 Raten | 36 Raten | 60 Raten |
|---|---|---|---|
| 4 000,– | 368,– | 141,– | 96,– |
| 4 500,– | 414,– | 159,– | 108,– |
| 5 000,– | 457,– | 174,– | 117,– |
| 6 000,– | 549,– | 209,– | 141,– |
| 7 000,– | 640,– | 244,– | 164,– |
| 8 000,– | 732,– | 279,– | 188,– |

# Boeing und Airbus im Vergleich

Boeing 747

Ⓐ

| Zeit | zurückgelegte Strecke | | |
|---|---|---|---|
| | Boeing 747 | Airbus A 340 | Unterschied |
| 1 h | | | |
| 2 h | | | |
| 4 h | 3 680 km | | |
| 5 h | | 4 350 km | |
| 10 h | | | |

Ⓑ

| Zeit | Kraftstoffverbrauch | | |
|---|---|---|---|
| | Boeing 747 | Airbus A 340 | Unterschied |
| 1 h | | | |
| 2 h | 25 300 l | | |
| 4 h | | 31 600 l | |
| 5 h | | | |
| 10 h | | | |

Airbus A 340

1 Berechne die fehlenden Angaben von Tabelle A. Vergleiche dann die Geschwindigkeit der beiden Flugzeuge. Geschwindigkeit ist die zurückgelegte Strecke in km pro Stunde (km/h).

2 Fülle Tabelle B aus und vergleiche den Kraftstoffverbrauch der beiden Flugzeuge.

3 Wie viele Sitzplätze gibt es bei der Boeing in den verschiedenen Klassen?

4 Berechne die Unterschiede in der Länge, der Spannweite, der Höhe … der beiden Flugzeuge (Tabelle C).

5 Erfinde weitere Aufgaben. Denke z. B. an Reichweite und Kraftstoffverbrauch bei Pkw, an die Zahl der Passagiere …

**Sitzplätze der Boeing 747**

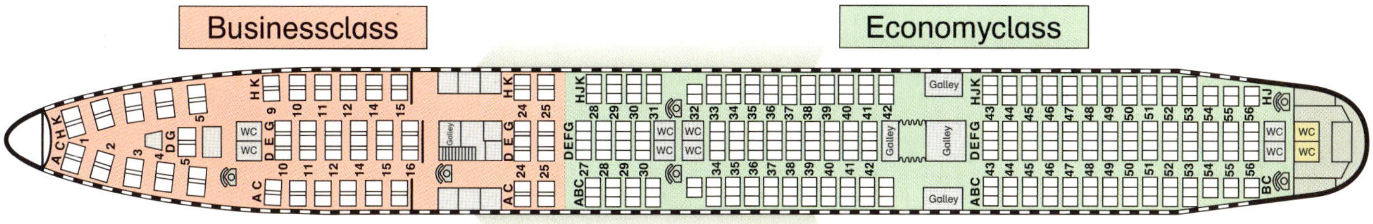


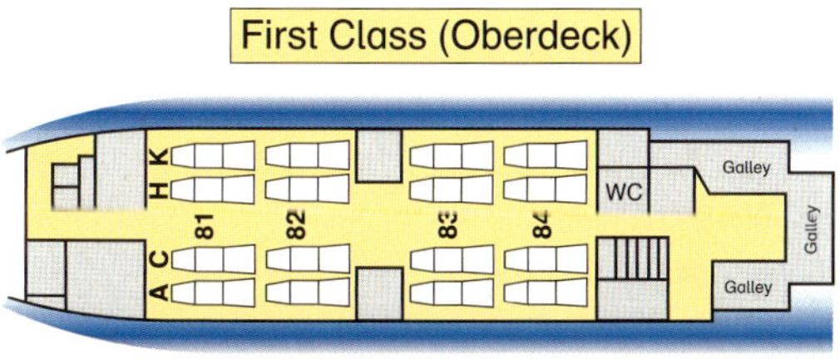


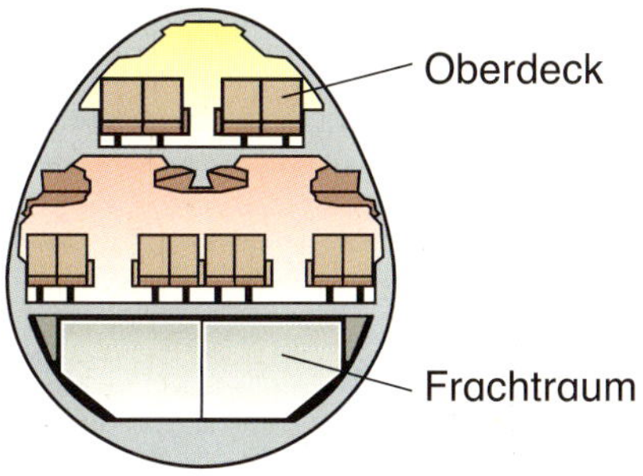

Ⓒ

| technische Daten | Boeing | Airbus | Unterschied |
|---|---|---|---|
| Länge | 70,66 m | 63,66 m | |
| Spannweite | 64,44 m | 60,30 m | |
| Höhe | 19,40 m | 16,91 m | |
| Kabinenbreite | 6,13 m | 5,40 m | |
| Reisegeschwindigkeit | 920 km/h | 870 km/h | |
| Reichweite | 11 000 km | 9 100 km | |
| 1. First Class | | 8 Sitze | |
| 2. Businessclass | | 42 Sitze | |
| 3. Economyclass | | 197 Sitze | |
| Sitzplätze insgesamt | 368 Sitze | | |
| Wert | 135 Mill. € | 90 Mill. € | |

1 Übertrage die Angaben in eine Tabelle. Berechne die fehlenden Entfernungen.

| | $\frac{1}{4}$ h | $\frac{1}{2}$ h | $\frac{3}{4}$ h | 1 h | 3 h | 5 h | 6 h |
|---|---|---|---|---|---|---|---|
| Fußgänger | 1 km | | | | | | |
| Radfahrer | | | | | | | |
| Moped | | | | | | | |
| Pkw | | | | | | | |
| ICE | | | | | | | |
| Flugzeug | | | | | | | |

2 Zeichne für Fußgänger, Radfahrer und Moped ein Balkendiagramm (2 mm Balkenlänge für 1 km/h). In der roten Spalte kannst du die Geschwindigkeiten ablesen (Kilometer in einer Stunde = km/h).

3 Höchste Fluggeschwindigkeiten einiger Vogelarten: Schwalbe 90 m/s (90 m in einer Sekunde), Mauersegler 89 m/s, Regenpfeifer 31 m/s, Wildente 28 m/s, Wachtel 17 m/s, Sperling 14 m/s. Die Vögel können diese Höchstgeschwindigkeiten selbstverständlich nur kurze Zeit fliegen. Berechne die Höchstgeschwindigkeiten der Vögel in km/h (Kilometer in einer Stunde).

## Unvorstellbare Geschwindigkeiten:

4 Die Erde legt bei ihrem Flug um die Sonne 107 280 km in einer Stunde zurück.

6 Der Schall legt in der Luft etwa 331 m pro Sekunde zurück.

5 Der Mond legt bei seinem Flug um die Erde 3 680 km pro Stunde zurück.

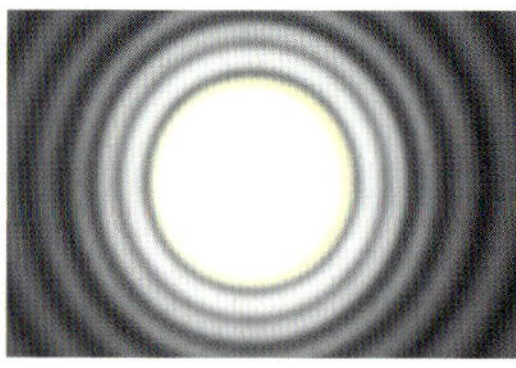

7 Das Licht legt etwa 300 000 km pro Sekunde zurück.

# Sonne, Mond und Vogeluhr

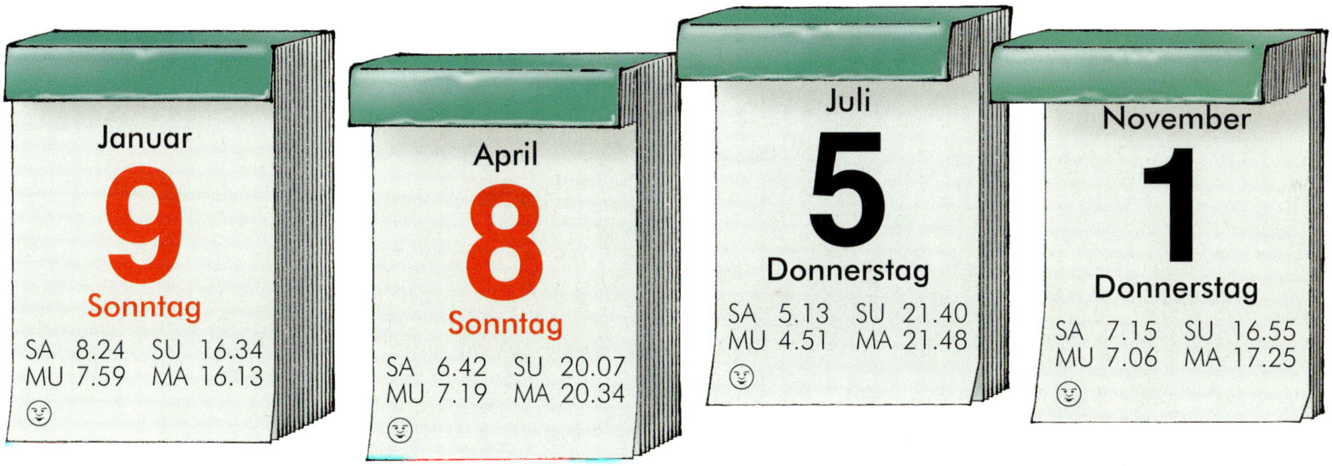


1 Berechne für jeden angegebenen Tag die Zeit, in der die Sonne scheint.

2 Berechne für jeden angegebenen Tag die Zeit, in der der Mond scheint.

3 Wie lange scheinen Sonne und Mond an den Vollmondtagen gemeinsam?

4 Am 20. Juni scheint die Sonne am längsten: SA 5.05 Uhr, SU 21.42 Uhr. Vergleiche die Sonnenscheindauer am 20.6. mit der Sonnenscheindauer an den angegebenen Tagen.

Ich beginne meinen Gesang 100 Minuten vor Sonnenaufgang.

5 Um wie viel Uhr beginnen die Vögel am 5. Juli ihren Gesang?

Ich beginne meinen Gesang 15 Minuten vor Sonnenaufgang.

Ich beginne meinen Gesang 45 Minuten vor Sonnenaufgang.

Ich beginne meinen Gesang 34 Minuten vor Sonnenaufgang.

Ich beginne meinen Gesang 75 Minuten vor Sonnenaufgang.

# Rosis Tageslauf

1 Der Tabelle kannst du entnehmen, wie Rosi ihre Zeit verbringt.
Schreibe die fehlenden Angaben so in dein Heft: Montag – Sonstiges 3 h 50 min

| | Schule | Essen | Haus-aufgaben | Spielen | Fernsehen Computer | Schlafen | Sonstiges | |
|---|---|---|---|---|---|---|---|---|
| Montag | 4 h 20 min | 50 min | 55 min | 2 h 20 min | 1 h 50 min | 9 h 55 min | | 24 h |
| Dienstag | 4 h 20 min | | 1 h 10 min | 2 h 10 min | 1 h | 9 h 35 min | 4 h 55 min | 24 h |
| Mittwoch | 5 h 10 min | 45 min | | 2 h | 1 h 15 min | 10 h 30 min | 3 h 40 min | 24 h |
| Donnerstag | 5 h 10 min | 50 min | 1 h 6 min | | 1 h 20 min | 10 h | 3 h 34 min | 24 h |
| Freitag | | 53 min | 1 h 5 min | 2 h 5 min | 1 h 10 min | 10 h 20 min | 4 h 7 min | 24 h |
| Samstag | 0 min | 45 min | 0 min | 2 h 25 min | | 9 h 50 min | 9 h 50 min | 24 h |
| Sonntag | 0 min | 1 h 4 min | 0 min | 2 h 45 min | 2 h | | 8 h 56 min | 24 h |
| insgesamt | | | | | | | | |

2 Hier ist ein Tageslauf in einer Zeitleiste dargestellt.
Berechne die Zeit in Stunden und Minuten, die in der Schule, beim Essen usw. verbracht wird.

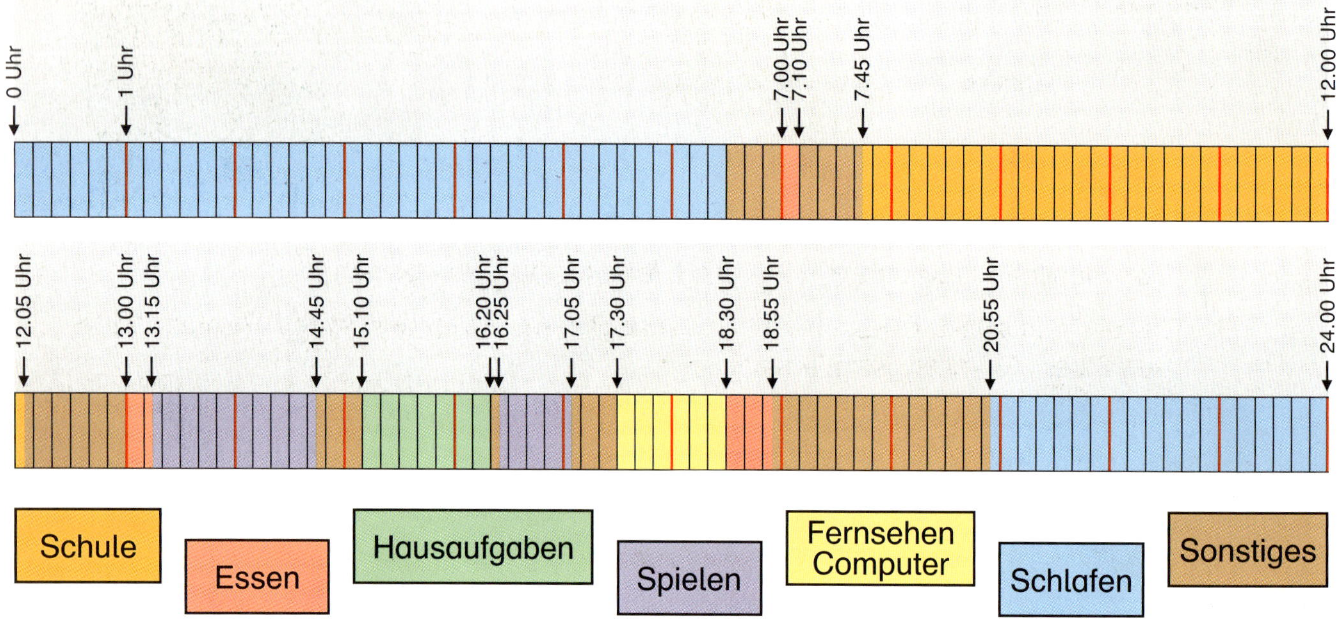


3 Vergleiche die Ergebnisse von Aufgabe 2 mit der Tabelle oben.
Welcher Tag ist in der Zeitleiste dargestellt?

# Rechnen an der Zeitleiste

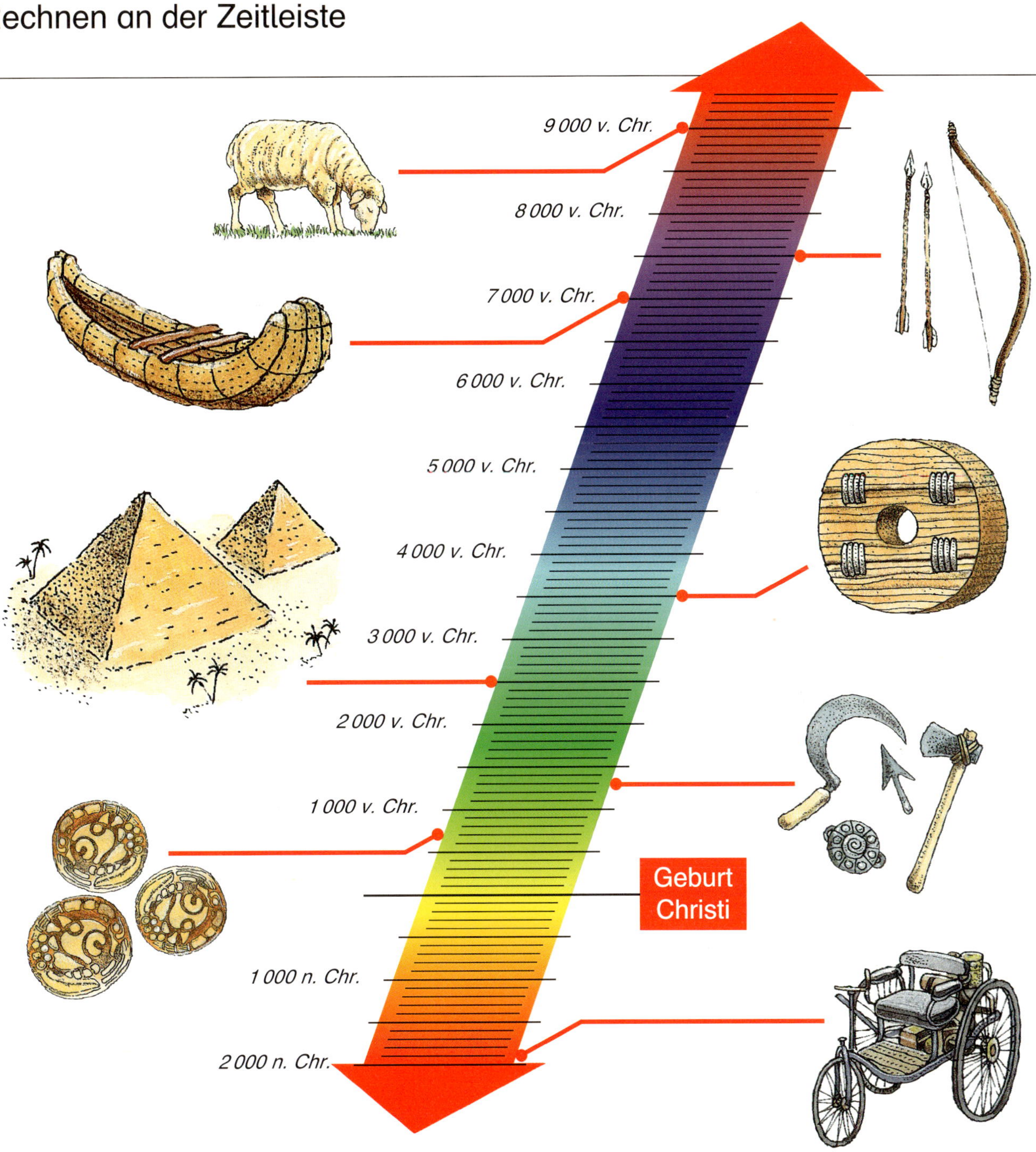


1. Vor wie vielen Jahren etwa wurden Schafe zu Haustieren?
2. Vor wie vielen Jahren etwa wurden Pfeil und Bogen erfunden?
3. Berechne weitere Zeitspannen (Boot aus Binsen, Rad, Pyramiden, Gegenstände aus Eisen, Münzen, Kraftfahrzeuge).
4. Wie viele Jahre dauerte die Entwicklung vom ersten Wagen mit Holzrädern bis zur Erfindung des Automobils?

Rechne so weit du kannst. Fertig, los!

| 5 | 6 | 7 | 8 |
|---|---|---|---|
| $1 \cdot 9 + 2$ | $9 \cdot 9 + 7$ | $(1 + 3) : 2$ | $1 \cdot 1$ |
| $12 \cdot 9 + 3$ | $98 \cdot 9 + 6$ | $(1 + 3 + 5) : 3$ | $11 \cdot 11$ |
| $123 \cdot 9 + 4$ | $987 \cdot 9 + 5$ | $(1 + 3 + 5 + 7) : 4$ | $111 \cdot 111$ |
| … | … | … | … |

# Wie lang, wie teuer, wie schwer …?

| | | | | |
|---|---|---|---|---|
| Zwei Tage dauern ☐. | 775 km | Ein 2-€-Stück ist ☐ dick. | 1 t | Ein Jahr dauert ☐. |
| 10 s | Ein Laib Brot wiegt ☐. | 7 m 60 cm | Das Spitzen eines Bleistiftes dauert ☐. | 230 g |
| Ein Lkw wiegt ☐. | 31 cm | Ein Sportplatz ist ☐ lang. | 2 mm | Ein Eimer fasst ☐. |
| 365 Tage | | | | $\frac{3}{4}$ h |
| Von Freiburg nach Hamburg sind es ☐. | | | 749 € | Beate wiegt ☐. |
| 10 l | Ein Lineal ist ☐ lang. | 300 000 € | Bis zum Mond sind es ☐. | 48 h |
| Ein Apfel wiegt ☐. | 34 kg | Eine Zahnpastatube fasst ☐. | 18 g | Eine Straße ist ☐ breit. |
| 10 t | Ein Einfamilienhaus kostet ☐. | 100 ml | Eine Unterrichtsstunde dauert ☐. | 384 700 km |
| Ein Brief wiegt ☐. | 100 m | Ein Auto wiegt ☐. | 1 kg | Ein Rennrad kostet ☐. |

① Schneidet die Kärtchen aus (Kopiervorlage) und sortiert sie.

② Bildet Paare: Textkärtchen / Größenkärtchen.

③ Spielt mit den Kärtchen in der Gruppe Memory.

④ Schreibe die Größen, die zusammengehören, geordnet auf.

2 mm < 31 cm < …

⑤ Trage die richtigen Größen auf den Textkärtchen ein und klebe sie geordnet auf.

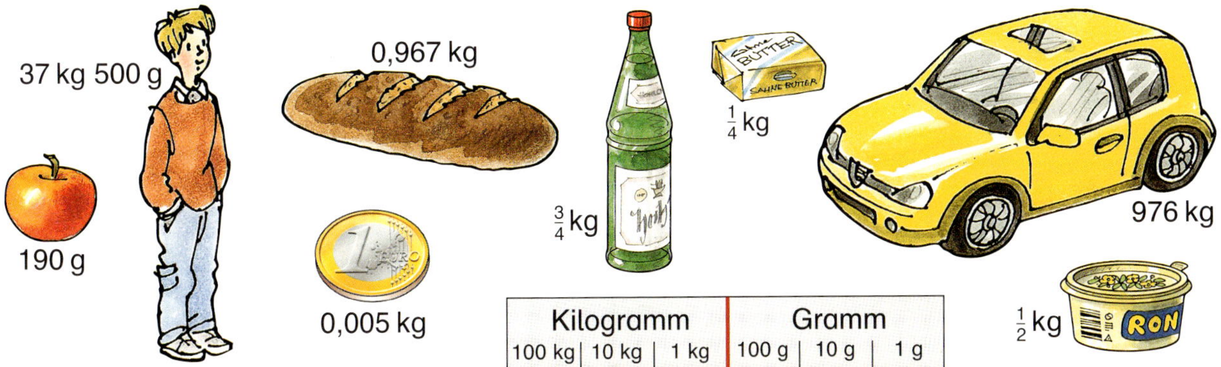


| | | Kilogramm | | | Gramm | | | |
|---|---|---|---|---|---|---|---|---|
| | | 100 kg | 10 kg | 1 kg | 100 g | 10 g | 1 g | |
| Schüler | 37 kg 500 g | | 3 | 7 | 5 | 0 | 0 | 37,500 kg |
| | 0 kg 190 g | | | | | | | |
| | | | | | | | | |

**1 000 g = 1 kg**

1 Trage das Gewicht der folgenden acht Dinge in die Tabelle ein: Schüler, Apfel, Brot, 1-€-Münze, Flasche Wasser, Paket Butter, Kleinwagen, Becher Margarine.

2 Schreibe die acht Gewichtsangaben nach der Größe geordnet auf. Beginne mit dem größten Gewicht.

Schreibe als Kilogramm oder Gramm. Kontrolliere deine Ergebnisse.

3 2,080 kg + 735 g
4 0,124 kg + 814 g
5 6,450 kg – 654 g
6 1,080 kg – 433 g

7 7 kg 300 g + 98 g
8 20,600 kg + 4 205 g
9 6,012 kg – 333 g
10 5 kg – 3,268 kg

11 4 kg 98 g + 753 g + 6,250 kg
12 623 g + 0,095 kg + 7 038 g
13 9 kg 800 g – 975 g – 6 088 g
14 12 360 g – 4 kg 17 g – 6 021 g

15 4 Bücher mit einem Gewicht von insgesamt 7 868 g werden verpackt. Das Paket wiegt 8,054 kg.

16 Mutter packt für Onkel Max ein Wurstpaket. Inhalt: 800 g Pfeffersalami, 650 g Knoblauchwurst, 975 g Jägerwurst. Die Waage zeigt 2 700 g.

17 In einem Paket sind 3 Tafeln Schokolade mit je 100 g, 500 g Kaffee und Bücher mit einem Gewicht von 2,350 kg. Die Verpackung wiegt 350 g. Wie viel Gramm Gebäck dürfen noch eingepackt werden, wenn das ganze Paket 5 kg wiegen soll?

18 Berechne
a) das Gewicht einer vollen Dose,
b) das Gewicht einer leeren Dose,
c) das Gewicht der Würstchen in einer Dose,
d) das Gewicht aller Würstchen,
e) das Gewicht eines Würstchens,
f) den Preis aller Würstchen,
g) den Preis eines Würstchens.

Weitere Übungsaufgaben auf Seite 112.

125 t

0,010 t

385 600 kg

12 t 850 kg

976 kg

75 kg

1 kg

1 t 145 kg

| | | Tonnen | | | Kilogramm | | | |
|---|---|---|---|---|---|---|---|---|
| | | 100 t | 10 t | 1 t | 100 kg | 10 kg | 1 kg | |
| Pkw | 1 t 145 kg | | | 1 | 1 | 4 | 5 | 1,145 t |
| | | | | | | | | |

1000 kg = 1 t

1 Trage das Gewicht der folgenden acht Dinge in die Tabelle ein: Pkw, Lokomotive, Eimer mit Wasser, Boeing 747, Erwachsener, Flasche Milch, Lkw, Kleinwagen.

2 Schreibe die acht Gewichtsangaben nach der Größe geordnet auf. Beginne mit dem kleinsten Gewicht.

Schreibe als Kilogramm. Kontrolle nicht vergessen.

| | | | | |
|---|---|---|---|---|
| ③ 4,648 t : 4 | ⑦ 12 t 796 kg : 7 | ⑪ 10 t 281 kg : 3 | ⑮ 8,146 t · 3 | ⑲ 6,870 t · 5 |
| ④ 5,096 t : 4 | ⑧ 20 t 370 kg : 7 | ⑫ 3 t 995 kg : 5 | ⑯ 2,905 t · 3 | ⑳ 9,040 t · 9 |
| ⑤ 3,840 t : 6 | ⑨ 8 t 640 kg : 8 | ⑬ 4,338 t : 9 | ⑰ 6,932 t · 48 | ㉑ 4,040 t · 21 |
| ⑥ 0,822 t : 6 | ⑩ 24 t 64 kg : 8 | ⑭ 12,483 t : 9 | ⑱ 0,627 t · 65 | ㉒ 6,800 t · 83 |

㉓ Acht gleich schwere Kisten wiegen zusammen 1 t 40 kg. Wie viel wiegt eine Kiste?

㉔ Ein Lkw wiegt mit 3 gleich schweren Kisten beladen 5 980 kg. Das Leergewicht des Lkw beträgt 4 786 kg. Wie schwer ist eine Kiste?

㉕ Familie Berg fährt in Urlaub. Ihr Pkw wiegt leer 1 t 190 kg. Die Familienmitglieder wiegen 82 kg, 64 kg, 34 kg und 23 kg. Der Dachkoffer wiegt 16 kg. Das zulässige Gesamtgewicht beträgt 1,665 t. Wie viel darf das Gepäck höchstens wiegen?

**26 Die Zuckerrübe**

Vor 200 Jahren wurde in der Nähe von Berlin die erste deutsche Zuckerfabrik gebaut. Aus 100 kg Rüben wurden damals nur 4 kg Zucker gewonnen. Da das den Bauern zu wenig war, züchteten sie eine besonders süße Rübe, die Zuckerrübe. Heute kann man aus 100 kg Rüben etwa 15 kg Zucker gewinnen. Wie viel kg Zucker gewann man aus 200 kg, 500 kg, 1 000 kg (1 t), 10 t Rüben vor 200 Jahren? Wie viel gewinnt man heute?

| Rüben | 100 kg | 200 kg | 500 kg | 1 000 kg (1 t) | 10 t |
|---|---|---|---|---|---|
| Zucker vor 200 Jahren | 4 kg | | | | |
| Zucker heute | 15 kg | | | | |

Weitere Übungsaufgaben auf Seite 112.

1 Pro Einwohner werden wöchentlich rund 8 kg Abfälle eingesammelt.
Wie viel kg sind das in einem Jahr?

2 Etwa ein Drittel der Abfälle wird wieder verwertet. Schreibe auf, wie viel kg pro Jahr von jeder Art das sind.
Wie viel kg sind es zusammen?
(1 mm Balkenhöhe entspricht 1 kg Müll.)

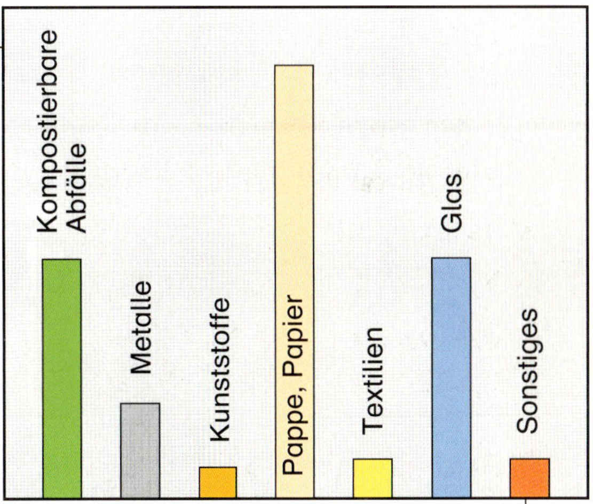

3 Was nicht mehr verwertet wird, nennt man Restmüll (graue Tonne). Die Restmüllmenge pro Jahr ist von Stadt zu Stadt sehr verschieden. Es gibt Städte mit rund 220 kg und andere mit rund 420 kg pro Einwohner und Jahr.
Wie viele Tonnen Restmüll wären das bei Städten mit 10 000 Einwohnern?

4 Wie oft müsste ein Müllwagen (Fassungsvermögen 8 t) fahren, um den Restmüll von 10 000 Einwohnern zu transportieren?

① Schreibe zuerst alle Längenangaben, dann alle Gewichtsangaben heraus. Ordne sie nach der Größe. Verwende das Zeichen $<$.

7 g | 21 cm | 16 g | 5 km 380 m | 12 t | 1 t 200 kg | 72 kg | 1,583 kg | 0,250 kg | 150 km | 21,80 m | 400 m | 1,36 m | 6 cm

Schreibe mit Komma. Kontrolliere.

② 6 kg 18 g + 486 g + 3,500 kg

③ 2,006 kg + 3 816 g + 450 g

④ 5,60 € + 88 ct + 16,08 €

Berechne Summe und Unterschied.

⑤ $\frac{1}{2}$ Tag; 50 h

⑥ $\frac{1}{2}$ Jahr; 54 Monate

⑦ 50 Tage; 5 Wochen

⑧ 7 060 g; 3 kg 8 g

⑨ 1 000 ml; $\frac{1}{2}$ l

⑩ 3 h 45 min; 7 h 5 min

Vergiss die Kontrolle nicht.

⑪ 6 kg 380 g · 7

⑫ 5 t 80 kg · 3

⑬ 5 h 20 min · 8

⑭ 3 562 · 79

⑮ 718 · 295

⑯ 804 · 613

⑰ 3 kg 374 g : 7

⑱ 3 Tage 18 h : 5

⑲ 3 km 485 m : 5

⑳ 8 t 496 kg : 9

㉑ 35,598 kg : 6

㉒ 298 m 34 cm : 7

A

B

23 Vergleiche die beiden Zeitpunkte. Wie groß ist die Zeitspanne zwischen den beiden Zeitpunkten?

24 Wie viele Tage, Stunden, Minuten und Sekunden sind seit Beginn des Monats vergangen?

25 Wie viele Sekunden, Minuten, Stunden und Tage vergehen noch bis zum Ende des Monats?

㉖ Familie Spitz will ein Farbfernsehgerät bestellen. Im Katalog heißt es: 6 Raten zu je 221 €. Barpreis 1 268 €. Vergleiche den Ratenpreis mit dem Barpreis.

27 Das Langstreckenflugzeug DC 10 verbraucht pro Stunde 11 400 l Kraftstoff. Wie hoch ist der Verbrauch in 2, 5, 8, 9 und 10 Stunden? (Tabelle)

28 Eine Person verbraucht am Tag durchschnittlich 134 Liter Wasser. In einem Zweifamilienhaus wohnen 8 Personen. Wie viel Wasser verbrauchen sie

a) in 7 Tagen,
b) in 30 Tagen,
c) in 365 Tagen?

㉙ Ein Paket enthält 1 Buch mit 765 g, 450 g Süßigkeiten, 580 g Wurst. Das Paket wiegt insgesamt 2 kg 28 g. Wie schwer ist die Verpackung?

## Knobeleien

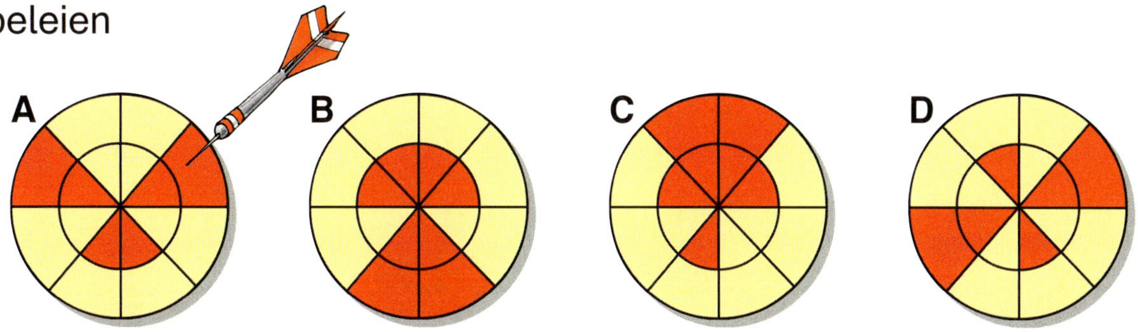


1 Bei welcher Scheibe hat der Pfeil die größte Chance, auf ein rotes Feld zu treffen? Bei welchen Scheiben ist die Chance gleich groß?

2 Erfinde ähnliche Aufgaben.

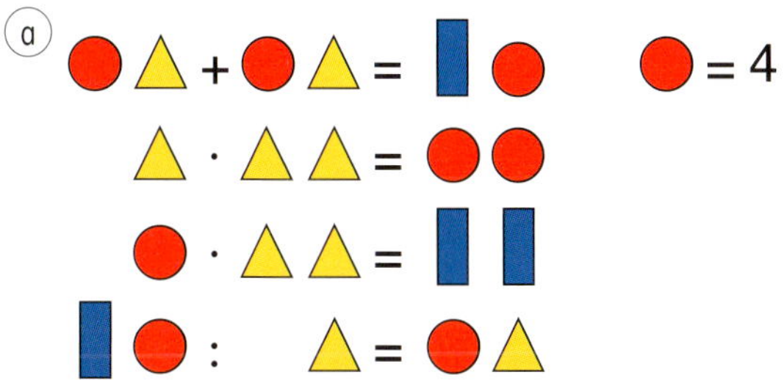


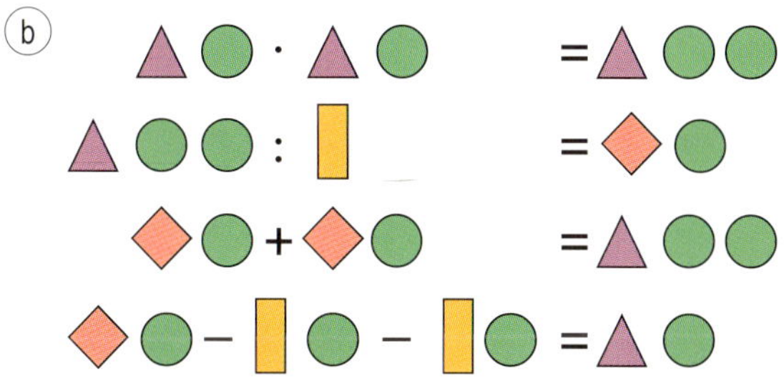


3 Jedes Zeichen steht für eine der Ziffern 0 bis 9. Welche Ziffern passen?

4 Erfinde selbst solche Zahlenrätsel. Tipp: Zuerst mit Zahlen, dann Zahlen durch Symbole ersetzen.

## Würfelspiel für 2 bis 4 Spieler

Regeln:
- Es wird reihum gewürfelt.
- Jeder beginnt mit 1.
- Mit der gewürfelten Zahl wird jeweils multipliziert.

$1 \cdot 3 = \mathbf{3}$   $3 \cdot 5 = \mathbf{15}$

5 Wer ist zuerst über 100?

6 Es gibt 18 verschiedene Zahlen, die du nach der oben angegebenen Spielregel mit zweimal Würfeln erreichen kannst. Welche sind das?

7 Welche der folgenden Zahlen kannst du beim Spielen nach den oben angegebenen Regeln erreichen?
a) 16, 19, 35, 36   b) 60, 64, 66, 68   c) 24, 38, 40, 48   d) 50, 51, 52, 53, 54, 55

8 Wie oft musst du mindestens würfeln, um die folgenden Zahlen zu erreichen?
a) 72   b) 48   c) 64   d) 100

9 Welche Dreiecke siehst du? Schreibe so auf:
**a**; **b**; **c**; **b** und **c** zusammen; …

10 Welche Quadrate siehst du? Schreibe so auf:
**c** und **f** zusammen; **f, h** und **i** zusammen; …

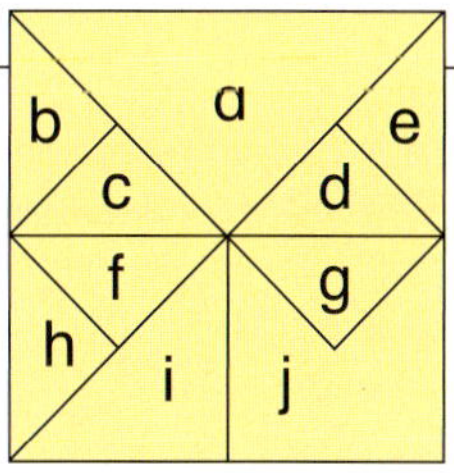

| | Kilometer | | | Meter | | | |
|---|---|---|---|---|---|---|---|
| | 100 km | 10 km | 1 km | 100 m | 10 m | 1 m | |
| 2 km 500 m | | | 2 | 5 | 0 | 0 | 2,500 km |

1. Auf Schildern werden Entfernungsangaben in Kilometern oft abgekürzt. Wie viel km und m sind beispielsweise 2,5 km?
2. Trage die 8 Entfernungsangaben in die Tabelle ein.
3. Schreibe die 8 Entfernungsangaben geordnet nach der Länge auf.

Berechne jeweils Summe und Unterschied. Schreibe als m.
Vergiss den Überschlag nicht.

| | | | | | | | | |
|---|---|---|---|---|---|---|---|---|
| (4) | 3 km 500 m | 386 m | (6) | 867 m | 5 km 150 m | (8) | 6 km 7 m | 1 km 143 m |
| (5) | 1 km 842 m | 536 m | (7) | 932 m | 2 km 246 m | (9) | 8 km 21 m | 1 km 714 m |

Schreibe als m. Vergiss die Kontrolle nicht.

| | | | |
|---|---|---|---|
| (10) 6,095 km : 5 | (13) 1,584 km : 4 | (16) 4 km 374 m : 6 | (19) 2 km 631 m : 3 |
| (11) 3,856 km : 8 | (14) 4,004 km : 7 | (17) 2 km 776 m : 8 | (20) 1 km 954 m : 2 |
| (12) 2,322 km : 6 | (15) 1,953 km : 9 | (18) 1 km 68 m : 3 | (21) 8 km 5 m : 5 |

(22) Auf dem Autobahnschild kannst du drei Entfernungen ablesen. Berechne die anderen drei Entfernungen, die man dem Schild noch entnehmen kann.

(23) Frau Obermann holte am Dienstag ihren neuen Pkw ab. Der Kilometerzähler zeigte 78 km an. Am gleichen Tag fuhr sie noch 129 km, am Mittwoch 406 km.
Wie viel km fuhr sie am Donnerstag?
Der Kilometerzähler zeigt den Stand von Donnerstagabend.



Weitere Übungsaufgaben auf Seite 112.

# Wege zur Schule – Diagramme lesen

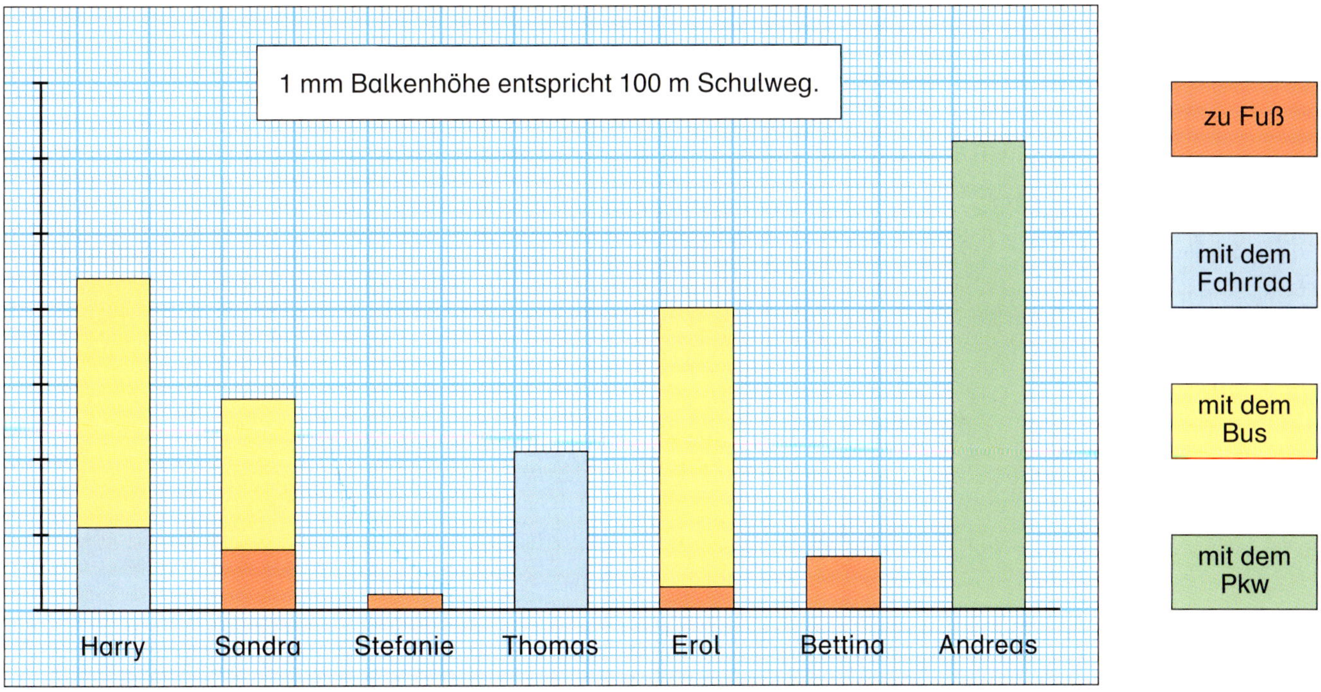


1 Dieses Balkendiagramm stellt die Wege von zu Hause zur Schule dar. Sprich mit deinem Partner über die Schulwege der einzelnen Kinder.

2 Im Balkendiagramm bedeutet 1 mm einen wirklichen Schulweg von 100 m. Vervollständige die Tabelle.

| Schulweg im Balkendiagramm | 1 mm | 2 mm | 5 mm | 10mm | 20mm | 40mm | 50mm | 60mm |
|---|---|---|---|---|---|---|---|---|
| wirklicher Schulweg | 100m | | | | | | | |

3 Lies die Länge der sieben Schulwege ab. Trage jeweils ein: Balkenlänge in mm, Schulweg in m, Schulweg in km (mit Komma).

Harry: 44 mm; 4 400 m = 4 km 400 m = 4,400 km
Sandra:

4 Berechne für jeden Schüler den Schulweg pro Tag (Hin- und Rückweg) und pro Woche (5 Tage).

5 Berechne für jeden Schüler den Schulweg für ein Jahr (38 Schulwochen).

6 Berechne die Unterschiede zwischen Harrys jährlichem Schulweg und den Schulwegen der anderen 6 Kinder.

7 Ordne die Kinder nach der Länge des Schulweges, den sie im Bus zurücklegen.

8 Stelle deinen Schulweg auf Millimeterpapier dar und berechne seine Länge pro Tag, pro Woche und pro Jahr.

9 Vergleiche deinen jährlichen Schulweg mit der Länge des Rheines (1 320 km).

# Vögel ziehen um die halbe Welt

Wenn es Herbst wird, verlassen uns viele Vögel.
Es wird ihnen zu kalt und sie finden auch kein Futter mehr.
Oft müssen sie viele tausend Kilometer zu ihrem Winterquartier fliegen.

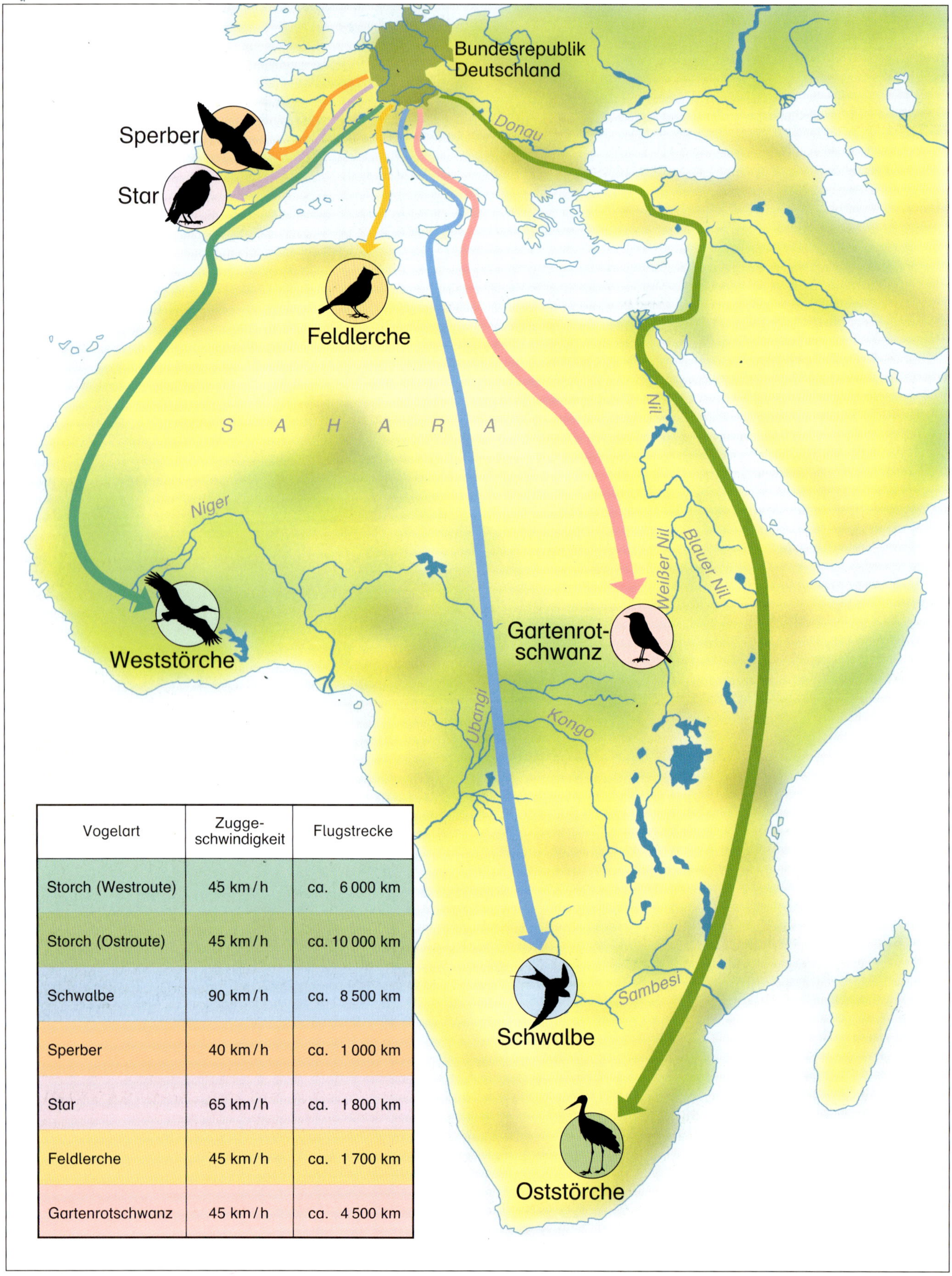


| Vogelart | Zugge-schwindigkeit | Flugstrecke |
|---|---|---|
| Storch (Westroute) | 45 km/h | ca. 6 000 km |
| Storch (Ostroute) | 45 km/h | ca. 10 000 km |
| Schwalbe | 90 km/h | ca. 8 500 km |
| Sperber | 40 km/h | ca. 1 000 km |
| Star | 65 km/h | ca. 1 800 km |
| Feldlerche | 45 km/h | ca. 1 700 km |
| Gartenrotschwanz | 45 km/h | ca. 4 500 km |

1 Ein Schwarm Störche braucht für den Flug in sein Winterquartier in Südafrika 85 Tage. Pro Tag fliegen die Störche durchschnittlich 120 km weit.
Wie viel km legen die Störche insgesamt zurück?

2 Die Störche fliegen nicht jeden Tag. Unterwegs machen sie immer wieder längere Pausen. Zu Beginn der Reise kann ein Schwarm täglich 260 km zurücklegen.
Wie weit können die Störche bei dieser Geschwindigkeit in den ersten 4 Tagen fliegen?

3 Ein Schwarm Störche braucht 70 Tage für die 10 500 km von Südafrika zurück nach Deutschland.
Wie viel km legt er täglich im Durchschnitt zurück? (Tabelle: 70 Tage, 7 Tage, 1 Tag)

4 Die Weststörche benötigen 52 Tage für ihren Flug ins Winterquartier.
Sie fliegen pro Tag durchschnittlich 120 km.
Wie viel km legen sie insgesamt zurück?

5 Auf ihrem Rückflug im Frühjahr benötigen die Störche für die Strecke von 6 000 km nur 40 Tage.
Wie viel km fliegen sie durchschnittlich pro Tag? (Tabelle)

6 Die Flüge europäischer Störche enden oft tödlich an Hochspannungsleitungen, durch Erschöpfung oder durch Wilderer.
Ein Storch, der 18 Jahre alt wird, könnte eigentlich 12-mal nach Afrika fliegen. Forscher haben festgestellt, dass es ein Storch bisher höchstens viermal geschafft hat.

7 Berechne mit Hilfe von Tabellen, wie viel km die Vögel in 2, 3, 4, 5, 8 und 10 Stunden zurücklegen können.
a) Sperber,
b) Feldlerche,
c) Star,
d) Schwalbe.

8 Stelle die Flugstrecken der Vögel in einem Balkendiagramm dar.
Zeichne für 1 000 km einen Balken von 10 mm Länge.

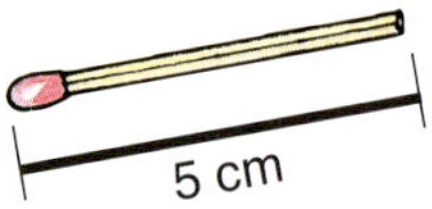


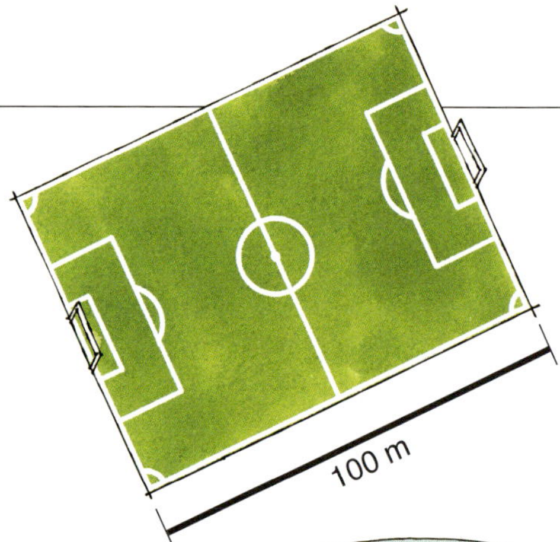

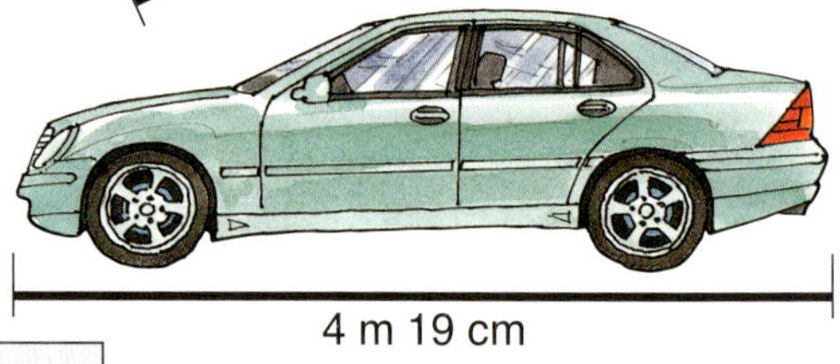

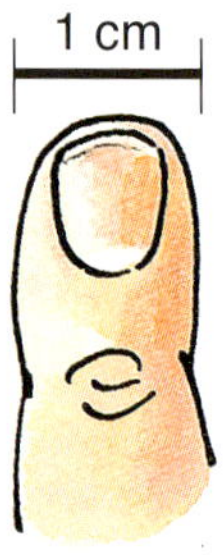


| | Meter | | | Zentimeter | | |
|---|---|---|---|---|---|---|
| | 100 m | 10 m | 1 m | 10 cm | 1 cm | |
| 1 m 39 cm | | | 1 | 3 | 9 | 1,39 m |
| | | | | | | |

1 Trage die sieben Längen in die Tabelle ein.

2 Schreibe die Längen nach der Größe geordnet auf.

Schreibe als m.

3 6 m 43 cm + 148 cm

4 95 cm + 7,08 m

5 4,02 m + 398 cm

6 107 cm + 5 m 33 cm

7 7 m 18 cm – 496 cm

8 8,05 m – 267 cm

9 433 cm – 3,08 m

10 9 m 9 cm – 878 cm

Schreibe als cm.

11 25,46 m · 6

12 7 m 5 cm · 7

13 12 m 45 cm : 5

14 18,72 m : 8

15 4 m 8 cm : 3

16 38,92 m : 4

17 64 m 5 cm : 5

18 19,62 m : 6

19 Welche Strecke könnten die Tiere in 5 min, 10 min, einer Viertelstunde, 20 min, einer halben Stunde, 40 min, 45 min oder in 1 h zurücklegen? Rechne mit Hilfe von Tabellen.

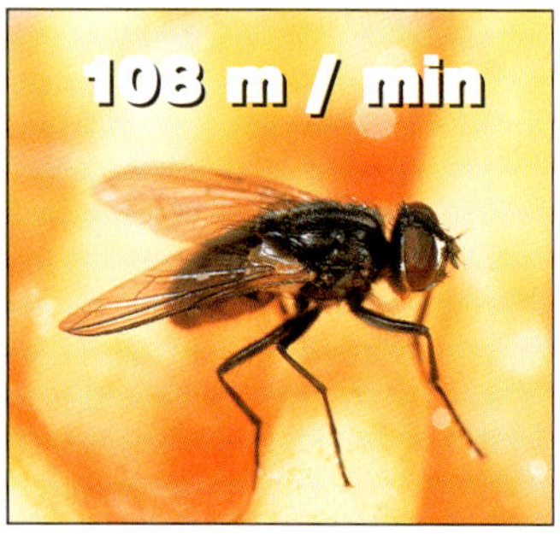

Weitere Übungsaufgaben auf Seite 112.

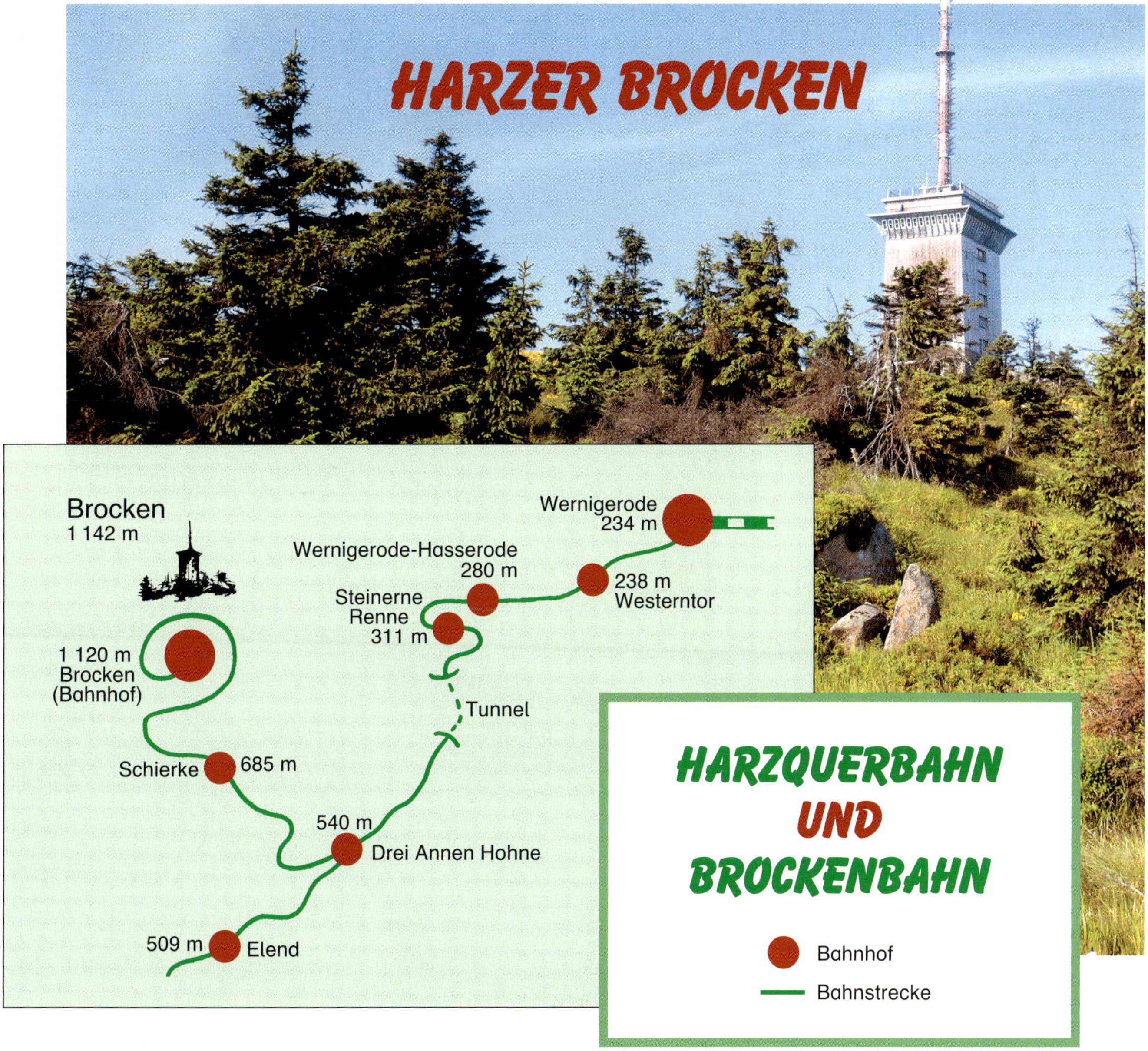


1 Trage in eine Tabelle ein:
a) den Berg und die Bahnhöfe mit ihren tatsächlichen Höhen,
b) die auf 10 m gerundeten Höhen.

| | tatsächliche Höhe | gerundete Höhe |
|---|---|---|
| Brocken | 1 142 m | 1 140 m |

2 Stelle die 9 Höhen durch Balken dar (10 m entsprechen 1 mm Balkenlänge).

3 Vergleiche die Höhe des Brocken mit den Höhen der 8 Bahnhöfe.

4 Berechne die Höhenunterschiede zwischen deinem Heimatort und den Höhen auf der Karte.

5 Vergleiche die Höhen der Berge:
Brocken (höchster Berg des Harzes);
Zugspitze: 2 966 m
(höchster Berg Deutschlands);
Mont Blanc: 4 807 m
(höchster Berg Europas);
Mount Everest: 8 848 m
(höchster Berg der Erde).

# Alter, Gewicht, Größe und Schonzeit von Tieren

**Reh**
16 Jahre 30 kg
1,30 m 16.10. – 15.5.

**Hase**
8 Jahre 7 kg
0,60 m 1.1. – 30.9.

**Rotfuchs**
14 Jahre 8 kg
0,90 m

**Rothirsch**
30 Jahre 300 kg
2,50 m 1.2. – 31.7.

**Bachforelle**
18 Jahre 1 kg
0,35 m 1.10. – 15.2.

**Löwe**
20 Jahre 200 kg
1,80 m

**Afrikanischer Elefant**
65 Jahre 7 000 kg
7 m

**Blauwal**
30 Jahre 130 000 kg (130 t)
30 m

**Eisbär**
40 Jahre 800 kg
2,50 m

1 Übertrage alle Angaben in eine Tabelle.

2 Ordne die Tiere zuerst nach dem Alter, dann nach der Größe (Länge) und zuletzt nach dem Gewicht. Gibt es Zusammenhänge zwischen Alter und Gewicht oder zwischen Größe und Gewicht?

3 Vergleiche das Gewicht des Hasen mit den Gewichten der anderen Tiere.

4 Wie lange dauert die Schonzeit der einzelnen Tiere, wie lang ist die Zeit, in der sie gejagt werden dürfen?
Berechne jeweils den Unterschied und die Summe der beiden Zeitspannen.

5 Stelle das Alter der Tiere zeichnerisch dar. Zeichne jeweils für 1 Jahr eine Strecke von 1 mm.

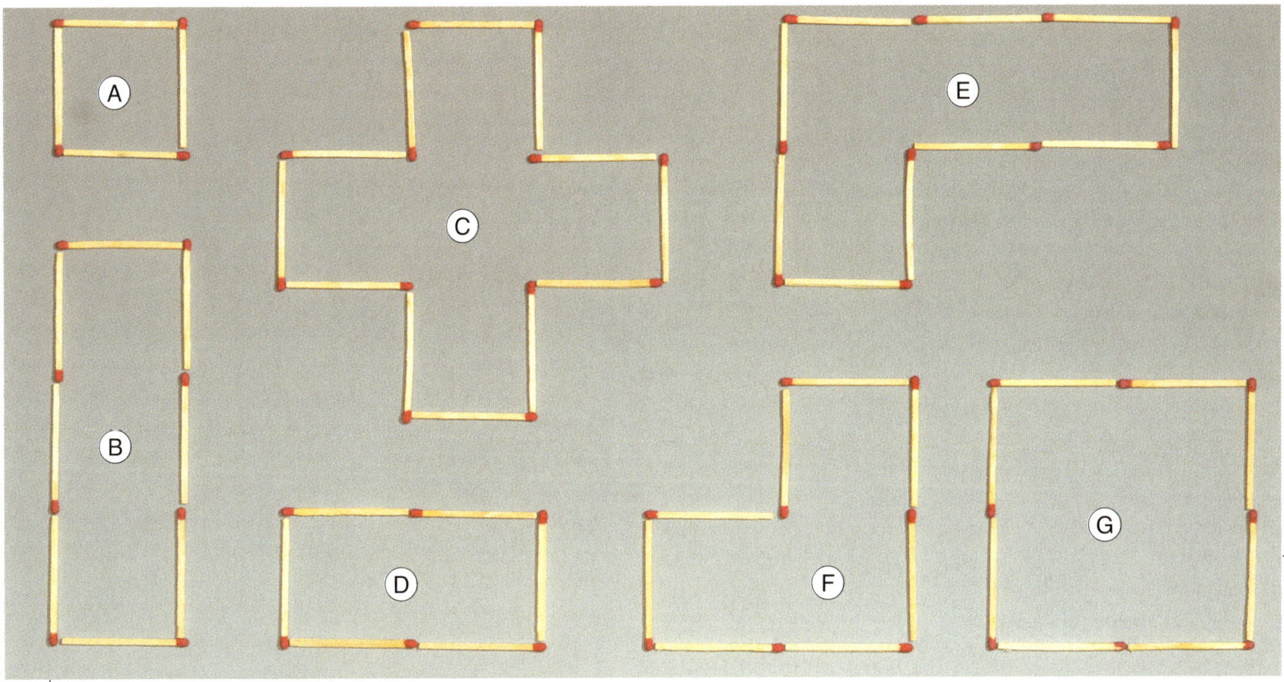


1. Lege die Figuren A bis G mit Streichhölzern.

2. Zerlege die Figuren B bis G in kleine Streichholzquadrate (Figur A).

3. Schreibe bei jeder der Figuren A bis G die Größe der Fläche (Flächeninhalt) und die Länge des Umfangs in eine Tabelle.

| Figur | Flächeninhalt in Streichholzquadraten | Umfang in Streichholzlängen |
|---|---|---|
| | 1 | 4 |
| | | |

4. Ordne die Figuren A bis G nach dem Flächeninhalt. Schreibe so: A < …

5. Welche Figuren haben den gleichen Flächeninhalt?

6. Welche Figuren haben den gleichen Umfang?

7. Welche Figur hat den kleinsten, welche den größten Umfang?

8. Lege mit Streichhölzern andere Figuren.
Zeichne sie freihand in dein Heft und gib jeweils Flächeninhalt und Umfang an.

9. Flächeninhalt oder Umfang?

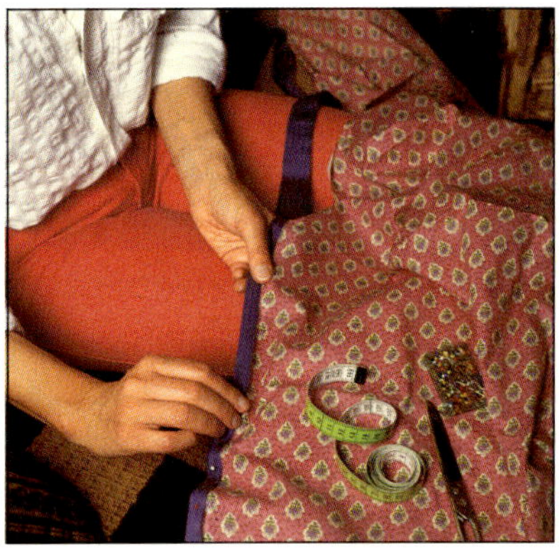

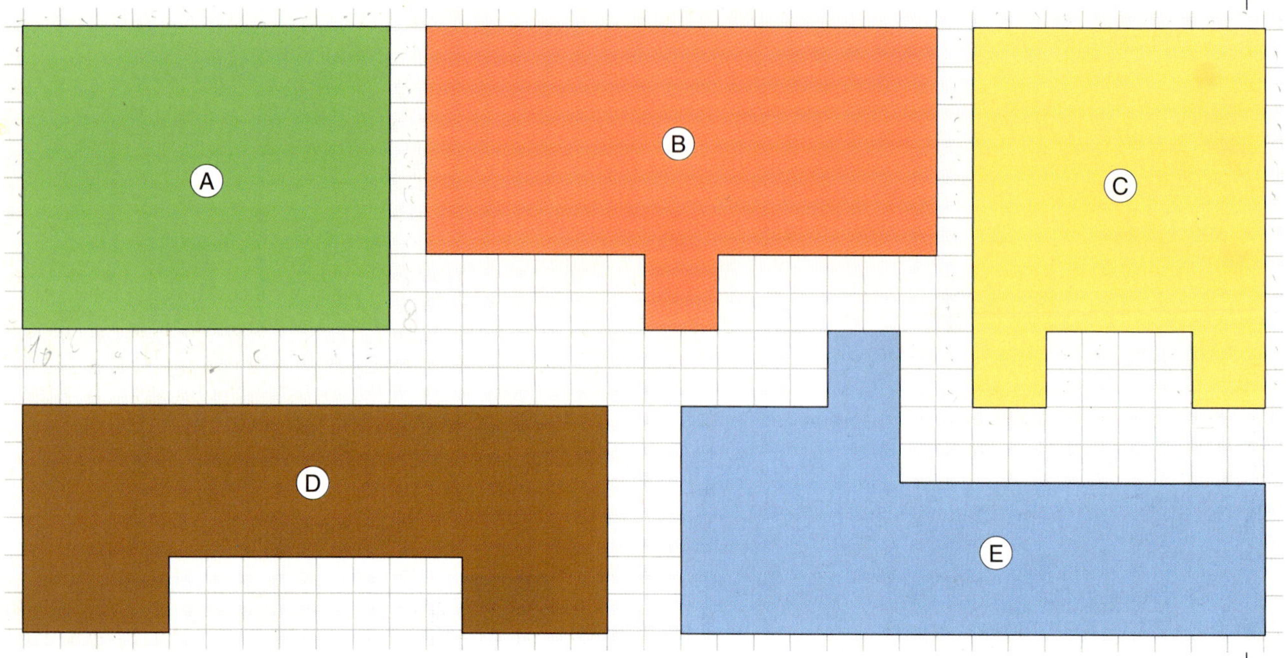


1 Zeichne die Figuren A bis E in dein Heft.

2 Schätze:
Welche Figur hat den größten Flächeninhalt, welche den kleinsten, welche Flächen sind gleich groß? Welche der Figuren hat den größten Umfang, welche den kleinsten, welche Flächen haben den gleichen Umfang?

3 Zeichne in die Figuren A bis E in deinem Heft Zentimeterquadrate ein.

4 Miss bei den Figuren A bis E
a) den Flächeninhalt in Heftquadraten und in Zentimeterquadraten,
b) den Umfang in Längen eines Heftquadrates und in Zentimetern.

| Figur | Flächeninhalt in Heftquadraten | Flächeninhalt in Zentimeterquadraten | Umfang in Längen von Heftquadraten | Umfang in Zentimetern |
|---|---|---|---|---|
| A | 80 | 20 | 36 | 18 |
| | | | | |

Zu jeder Aufgabe: Skizze, Ausrechnung, Antwort.

5 Die Sprunggrube der Grundschule Kürnen wird mit gepolsterten Randsteinen neu eingefasst. Die Grube ist 3 m breit und 6 m lang. Für die 4 Ecken werden insgesamt 40 cm Randstein zusätzlich gebraucht.

6 Kurts Zimmer ist 3 m breit und 4 m lang. Es soll eine neue Stoßleiste bekommen. Die Tür ist 80 cm breit. Für die Türecken und für den Verschnitt werden 40 cm Stoßleiste gebraucht.

7 Familie Kraus möchte die Terrasse mit neuen Randsteinen einfassen.
Die Terrasse ist 10 m lang und 4 m breit. An der 10 m langen Hauswand werden keine Randsteine gelegt. Für die beiden Ecken werden zusätzlich insgesamt 30 cm Randstein benötigt.

# Genau zeichnen – Flächeninhalt und Umfang messen

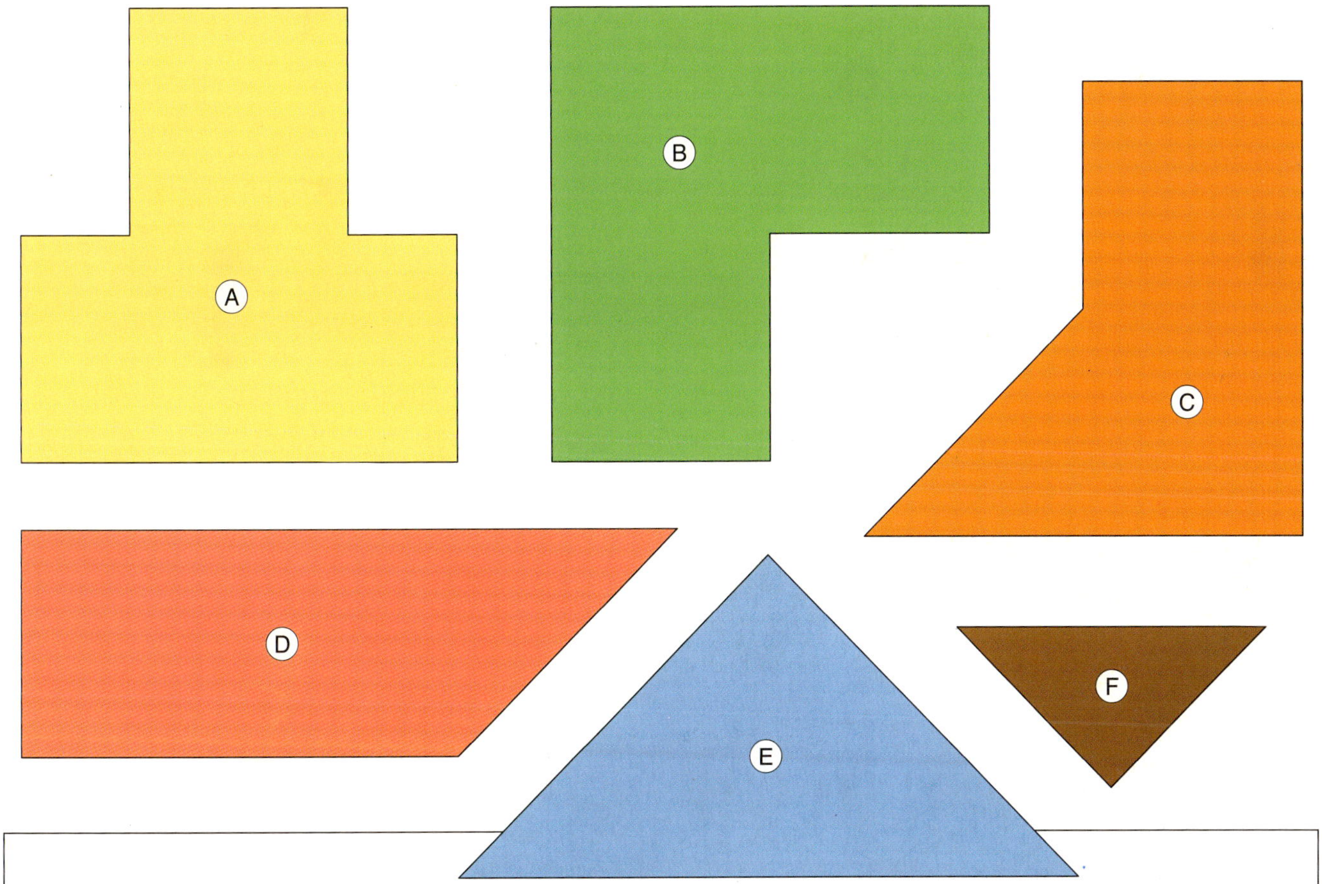


1 Übertrage die Figuren A bis F mit Hilfe des Geodreiecks genau auf Zeichenpapier.

2 Welches ist die größte Figur? Schätze.

3 Schneide die gezeichnete Figur F aus. Miss mit ihr den Flächeninhalt der anderen Figuren und schreibe so auf: Figur A ist so groß wie ___ Figuren F.

4 Miss den Umfang der Figuren A bis F und schreibe ihn so auf:
Der Umfang der Figur A ist ___ cm und ___ mm lang.

5 Zeichne die Figuren A bis F noch einmal auf Gitterpapier. Die Seiten müssen doppelt so lang sein wie in den Abbildungen. Wie hat sich der Flächeninhalt verändert?

6 Zeichne die Figuren A bis F. Die Seiten müssen halb so lang sein.

7 Zeichne mehrere verschiedene Figuren mit einer Fläche von 100 Heftquadraten. Miss jeweils den Umfang und vergleiche.

8 Zeichne mehrere Figuren mit einem Umfang von 20 cm. Miss jeweils den Flächeninhalt und vergleiche.

9 Das Paket ist 12 cm hoch, 20 cm breit und 30 cm lang. Für die Schleife benötigt man 25 cm Schnur.

10 Alle Kanten und Ränder des Deckels werden mit Klebeband verstärkt.
Maße des Deckels:
7 cm hoch, 28 cm lang, 10 cm breit.

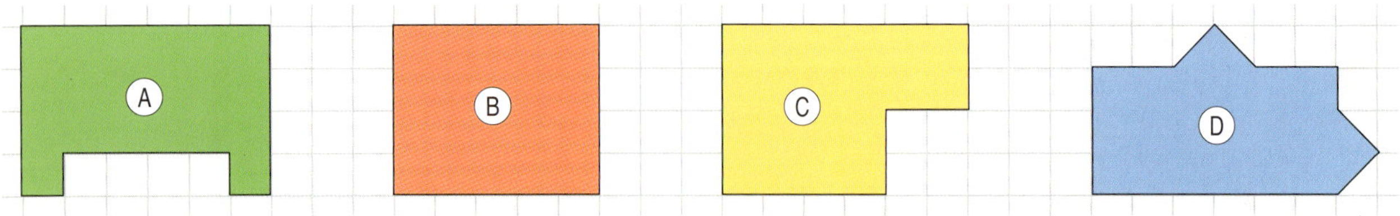


1 Stelle den Flächeninhalt der Figuren A bis D fest. (Maßeinheit Heftquadrat)

2 Miss den Umfang der Figuren A bis D in cm und mm.

3 Ordne die Figuren nach der Länge des Umfangs.

4 Zeichne fünf verschiedene Rechtecke mit einem Umfang von 24 cm auf Karopapier und stelle ihren Flächeninhalt fest. (Maßeinheit Heftquadrat)

5 Zeichne fünf verschiedene Rechtecke, die so groß sind wie 36 Heftquadrate.

6 Schreibe zu jedem Rechteck von Aufgabe 4 und 5 passende Malaufgaben.

7 Berechne Tinas und Udos Schulweg pro Tag, pro Woche (5 Tage) und pro Jahr (38 Schulwochen).

8 Ein Schwarm Störche brauchte für den Flug nach Afrika 83 Tage. Er flog durchschnittlich 122 km pro Tag. Wie viel km flog der Schwarm?

9 Frau Schill fährt täglich 48 km zur Arbeit. Ihr Arbeitsjahr hat 45 Wochen mit jeweils 5 Tagen. Für 1 km erhält sie 30 ct erstattet. Wie viel erhält sie im Jahr?

Kontrollrechnung oder Überschlag nicht vergessen.

| | | |
|---|---|---|
| 10 8 m 46 cm : 3 | 14 648 km : 8 | 18 2 m 35 cm + 3,05 m + 187 cm + 1 m 8 cm |
| 11 3 km 626 m : 7 | 15 5 m 4 cm : 7 | 19 2 km 675 m + 4,500 km + 1 350 m + 750 m |
| 12 824 m : 4 | 16 5 km 4 m : 9 | 20 100 m – 2,25 m – 3 m – 1 m 4 cm |
| 13 4 km 572 m : 6 | 17 3 km : 10 | 21 100 km – 12,500 km – 36 km – 7 km 7 m |

| | | |
|---|---|---|
| 22 1 375 m 75 cm · 387 | 24 6 825 kg 90 g · 269 | 26 14 t 7 630 kg · 352 |
| 23 4 009 km 65 m · 175 | 25 2 571 t 25 kg · 863 | 27 39 kg 5 085 g · 709 |

28 Wer trägt am schwersten? Könnten die Kinder die Waren so verteilen, dass jedes gleich schwer tragen muss?

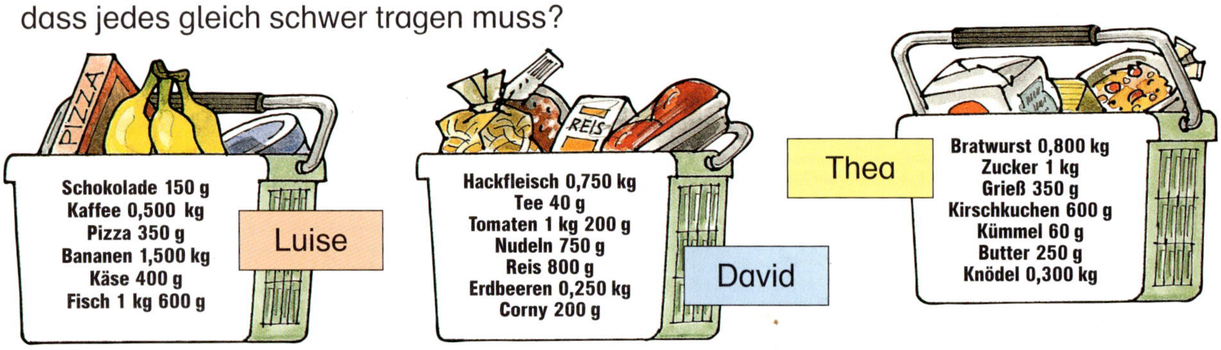

1 Kennzeichne in einem Hunderterquadrat alle Zahlen, die durch 2 ohne Rest teilbar sind (Vielfache von 2). Woran erkennst du diese Zahlen? Findest du eine Regel?

2 Kennzeichne die Zahlen, die durch 5 ohne Rest teilbar sind (Vielfache von 5). Wie heißt hier die Regel?

Teile die Zahlen durch 10. Was fällt auf?

| | | | | |
|---|---|---|---|---|
| (3) 17 680 | (5) 160 950 | (7) 6 483 | (9) 45 370 | (11) 633 |
| (4) 9 450 | (6) 99 215 | (8) 940 | (10) 2 560 | (12) 7 480 |

(13) Welche der folgenden Zahlen sind ohne Rest teilbar
a) durch 2, b) durch 5, c) durch 10?

83 200 | 77 905 | 16 843 | 746 | 39 772 | 6 765 | 288 | 12 470 | 579 000 | 433 | 43 554 | 52 007

S.85, Nr. 14

40 : 1 = 40 ⟶ 40 : 40 = 1

40 : 2 = 20 ⟶ 40 : 20 = 2

40 : 4 =

40 :

Teiler von 40 = 1, 2, 4, ...

| | | | |
|---|---|---|---|
| (14) Teiler von 40 | (18) Teiler von 100 | (22) Teiler von 29 | (26) Teiler von 200 |
| (15) Teiler von 36 | (19) Teiler von 25 | (23) Teiler von 26 | (27) Teiler von 120 |
| (16) Teiler von 27 | (20) Teiler von 42 | (24) Teiler von 41 | (28) Teiler von 144 |
| (17) Teiler von 24 | (21) Teiler von 64 | (25) Teiler von 45 | (29) Teiler von 180 |

Rechne so weit du kannst. Fertig, los!

| | | | |
|---|---|---|---|
| (30) $2 \cdot 2$ | (31) 1 000 000 : 1 | (32) 1 000 000 – 3 | (33) $4 + 5$ |
| $2 \cdot 2 \cdot 2$ | 1 000 000 : 2 | $1\,000\,000 - 3 \cdot 3$ | $4 \cdot 4 + 5 \cdot 5$ |
| $2 \cdot 2 \cdot 2 \cdot 2$ | 1 000 000 : 3 | $1\,000\,000 - 3 \cdot 3 \cdot 3$ | $4 \cdot 4 \cdot 4 + 5 \cdot 5 \cdot 5$ |
| … | … | … | … |

| | | | | | | | | | |
|---|---|---|---|---|---|---|---|---|---|
| 1 | 2 | 3 | 4 | 5 | 6 | 7 | 8 | 9 | 10 |
| 11 | 12 | 13 | 14 | 15 | 16 | 17 | 18 | 19 | 20 |
| 21 | 22 | 23 | 24 | 25 | 26 | 27 | 28 | 29 | 30 |
| 31 | 32 | 33 | 34 | 35 | 36 | 37 | 38 | 39 | 40 |
| 41 | 42 | 43 | 44 | 45 | 46 | 47 | 48 | 49 | 50 |
| 51 | 52 | 53 | 54 | 55 | 56 | 57 | 58 | 59 | 60 |
| 61 | 62 | 63 | 64 | 65 | 66 | 67 | 68 | 69 | 70 |
| 71 | 72 | 73 | 74 | 75 | 76 | 77 | 78 | 79 | 80 |
| 81 | 82 | 83 | 84 | 85 | 86 | 87 | 88 | 89 | 90 |
| 91 | 92 | 93 | 94 | 95 | 96 | 97 | 98 | 99 | 100 |

1 Im Hunderterquadrat sind die Vielfachen von drei, vier und fünf gekennzeichnet. Untersuche! Was stellst du fest?

2 Kennzeichne in einem Hunderterquadrat die Vielfachen von 2, 4 und 8. Was kannst du alles feststellen?

3 Kennzeichne in einem Hunderterquadrat die Vielfachen von 7, 8 und 9. Was fällt bei diesen Vielfachen auf?

4 Bilde möglichst viele Sätze.
Jedes Vielfache von … ist auch Vielfaches von …

Schreibe jeweils die 12 kleinsten Vielfachen auf.

(5) Vielfache von 11
(6) Vielfache von 12
(7) Vielfache von 13
(8) Vielfache von 90
(9) Vielfache von 60
(10) Vielfache von 80
(11) Vielfache von 200
(12) Vielfache von 400
(13) Vielfache von 700

Wie heißen die Vielfachen?

(14) Vielfache von 15 zwischen 50 und 80
(15) Vielfache von 15 zwischen 100 und 130
(16) Vielfache von 18 zwischen 80 und 120
(17) Vielfache von 18 zwischen 140 und 170

Schreibe auch diese Vielfachen auf.

(18) Vielfache von 19 zwischen 60 und 90
(19) Vielfache von 19 zwischen 140 und 170
(20) Vielfache von 14 zwischen 50 und 80
(21) Vielfache von 14 zwischen 100 und 130

(22)

23 Trage das „Große Einmaleins“ in eine Tabelle ein.

| · | 11 | 12 | 13 | 14 | 15 | 16 | 17 | 18 |
|---|---|---|---|---|---|---|---|---|
| 1 | | | | | | | | |

S.87, Nr. 1

768 + □ = 843  □ = 75

768 + □ < 843  □ = 74, 73, 72 … 0

768 + □ > 843  □ = 76, 77, 78 …

| | | | |
|---|---|---|---|
| ① 768 + □ = 843 | ② 219 + □ = 644 | ③ 1 074 + □ = 5 359 | ④ 427 + □ = 888 |
| 768 + □ < 843 | 219 + □ < 644 | 1 074 + □ < 5 359 | 427 + □ < 888 |
| 768 + □ > 843 | 219 + □ > 644 | 1 074 + □ > 5 359 | 427 + □ > 888 |
| ⑤ □ = 768 – 453 | ⑥ □ = 644 – 219 | ⑦ 9 108 – 3 476 = □ | ⑧ 842 – □ = 399 |
| □ < 768 – 453 | □ < 644 – 219 | 9 108 – 3 476 < □ | 842 – □ < 399 |
| □ > 768 – 453 | □ > 644 – 219 | 9 108 – 3 476 > □ | 842 – □ > 399 |

Schreibe jeweils die größte passende Zahl auf.

| | | | | |
|---|---|---|---|---|
| ⑨ □ · 12 < 40 | ⑩ □ · 14 < 100 | ⑪ □ · 16 < 110 | ⑫ □ · 17 < 100 | ⑬ □ · 19 < 100 |
| □ · 12 < 60 | □ · 14 < 46 | □ · 16 < 80 | □ · 17 < 30 | □ · 19 < 180 |
| □ · 12 < 95 | □ · 14 < 139 | □ · 16 < 152 | □ · 17 < 160 | □ · 19 < 62 |

Schreibe jeweils die kleinste passende Zahl auf.

| | | | | |
|---|---|---|---|---|
| ⑭ 34 : 17 < □ | ⑮ 65 : 13 < □ | ⑯ 60 : 15 < □ | ⑰ 54 : 18 < □ | ⑱ 114 : 19 < □ |
| 153 : 17 < □ | 130 : 13 < □ | 120 : 15 < □ | 126 : 18 < □ | 38 : 19 < □ |
| 102 : 17 < □ | 104 : 13 < □ | 90 : 15 < □ | 162 : 18 < □ | 133 : 19 < □ |

⑲ Die Summe von 4 Zahlen ist 5 000.
Die 2. Zahl ist kleiner als 1 000, Vielfaches von 500 und Teiler von 1 000.
Die 3. Zahl ist der größte Teiler von 1 436. Die 4. Zahl ist das Dreifache von 1 021.

(1) Ordne den verschiedenen Ausgaben die passenden Beträge zu.

| | | | | |
|---|---|---|---|---|
| 1 464 € | 4 020 € | 6 432 € | 864 € | 2 652 € |
| 3 960 € | 936 € | 3 312 € | 1 860 € | 5 268 € |

(2) Wie hoch sind die verschiedenen Ausgaben im Monat?

S. 8 8, Nr. 2

6 4 3 2 : 1 2 = 5 3 6 ✓ K: 5 3 6 · 1 2

6 0 — 5 3 6

4 3 — 1 0 7 2

3 6 — 1

7 2 — 6 4 3 2

7 2

0

Für Wohnen, Heizen und Strom gibt die Familie monatlich 5 3 6 € aus.

| | | | | |
|---|---|---|---|---|
| (3) 7 324 : 10 | (8) 990 : 15 | (13) 837 : 20 | (18) 564 : 13 | (23) 8 000 : 15 |
| (4) 2 370 : 10 | (9) 7 324 : 15 | (14) 1 000 : 20 | (19) 947 : 13 | (24) 8 000 : 16 |
| (5) 9 999 : 10 | (10) 5 038 : 15 | (15) 2 868 : 20 | (20) 2 678 : 13 | (25) 8 000 : 17 |
| (6) 2 345 : 10 | (11) 6 570 : 15 | (16) 9 060 : 20 | (21) 6 000 : 14 | (26) 8 000 : 19 |
| (7) 6 030 : 10 | (12) 3 845 : 15 | (17) 5 678 : 20 | (22) 7 995 : 14 | (27) 8 000 : 18 |

# Fragen und Lösungshilfen finden

1 Schnelle Schwimmer

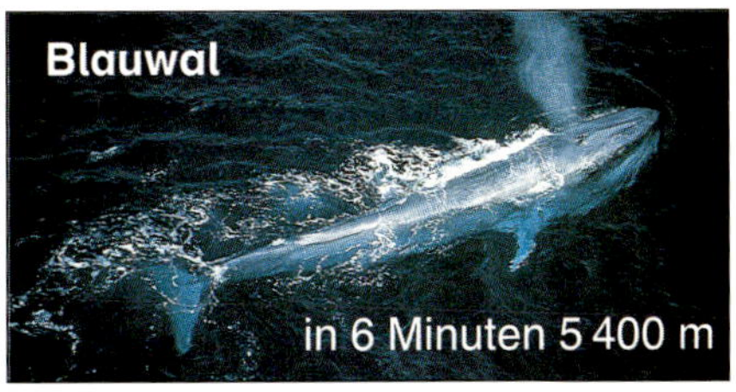

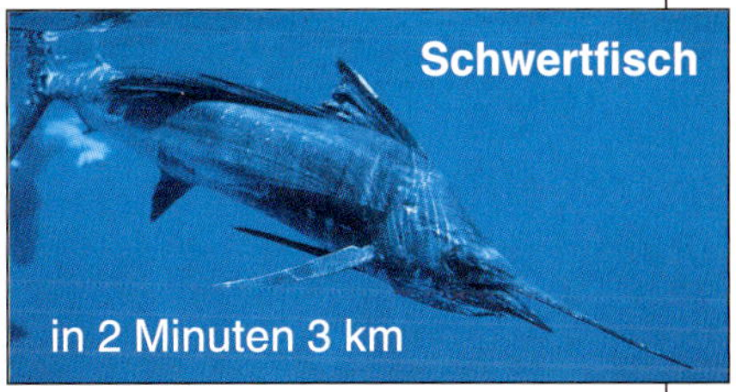

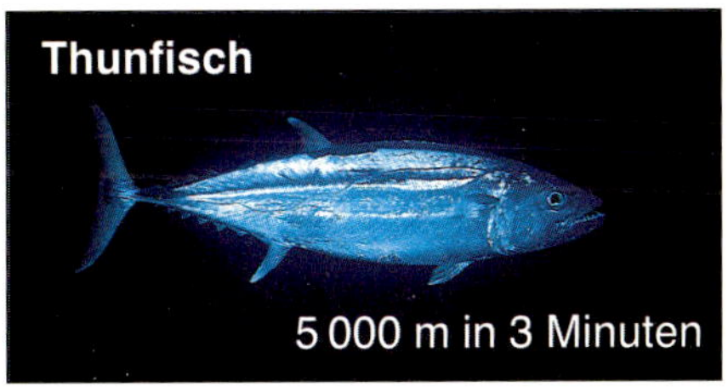


(2) Julia, Vanessa und Jonas fahren mit ihren Klassen ins Landschulheim. Für die 3 Klassen stehen 4 Schlafräume mit je 9 Doppelstockbetten zur Verfügung. 2 Räume werden für die Mädchen und die 3 Lehrerinnen gebraucht. In den anderen Räumen schlafen die Jungen. Da ein Junge krank ist, bleibt ein Bett frei.

(3) Igors Vater hat im Garten einen Teich gebaut. Er füllt ihn mit Wasser aus dem Gartenschlauch. In einer Minute fließen 60 Liter in den Teich. Der Teich ist nach 2 Stunden gefüllt. Der Nachbar füllt seinen Teich ebenfalls. Er hat seinen gleich großen Teich erst nach 3 Stunden gefüllt.

(4) Auf der dreispurigen Autobahn bei Frankfurt ist ein Stau von 16 km gemeldet. Ein Drittel der stehenden Autos sind Lkw. Für einen Lkw kann man 20 m, für einen Pkw 6 m rechnen.

(5) Familie Kuhn plant ihren Urlaub. Im Familienrat stehen zur Debatte: Urlaub am Bodensee, in der Mecklenburgischen Seenplatte, auf der Insel Rügen, im Münsterland oder im Harz. Man könnte mit der Eisenbahn, mit dem Auto, mit dem Bus oder mit dem Fahrrad zum Urlaubsziel fahren.

(6) Tim und Sarah treffen sich um 15 Uhr. Sie wollen möglichst schnell ins 10 km entfernte Schwimmbad. Tim hat sein Fahrrad dabei. Die beiden verabreden, dass jeder die halbe Strecke zu Fuß geht und die halbe Strecke mit dem Fahrrad fährt. Tim fährt zuerst mit dem Rad, stellt es auf halber Strecke an einen Baum und geht zu Fuß weiter. Der Radfahrer fährt jeweils mit einer Geschwindigkeit von 20 Kilometer pro Stunde, der Fußgänger legt jeweils 5 km pro Stunde zurück.

① Sucht symmetrische Dinge in eurer Umwelt.

② Sammelt kleine symmetrische Gegenstände und Abbildungen von symmetrischen Gegenständen und baut in eurem Klassenzimmer damit eine Ausstellung auf.

③ Warum sind so viele Dinge, die wir Menschen herstellen, symmetrisch?

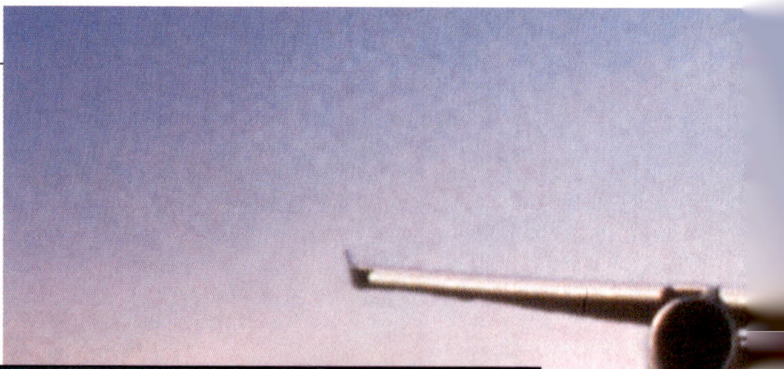

# Mehrfach spiegeln

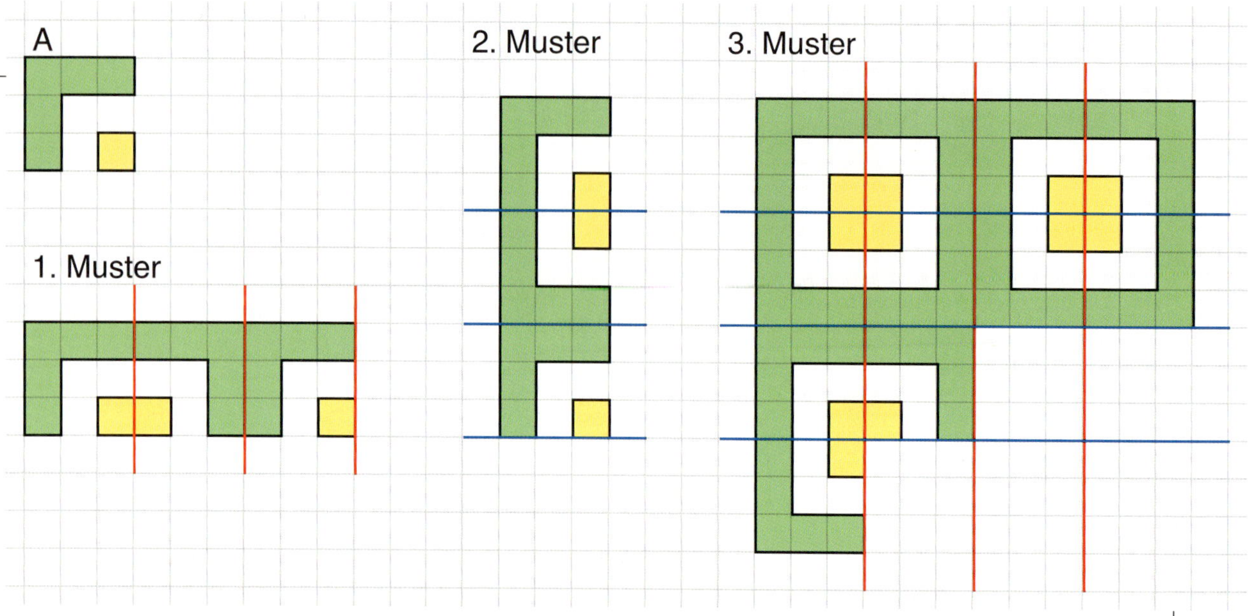


① 1. Muster: Spiegle die Figur A immer wieder an der roten Achse.
② 2. Muster: Spiegle Figur A immer wieder an der blauen Achse.
③ 3. Muster: Spiegle die Figur A immer wieder an der senkrechten Achse (rot) und an der waagrechten Achse (blau).

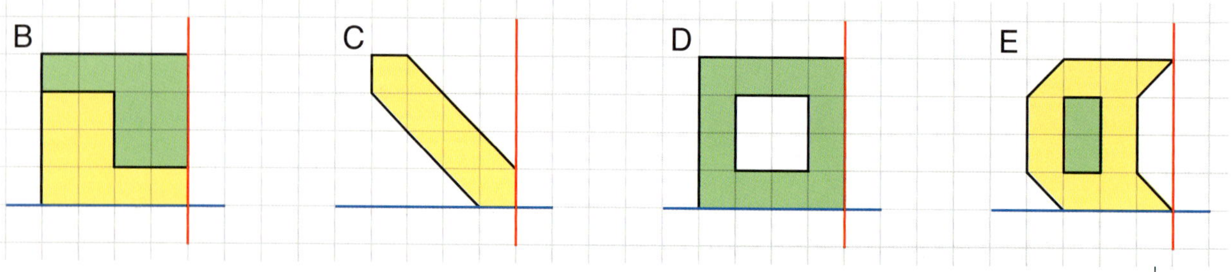


④ Entwickle mit den Figuren B bis E noch andere Muster. Spiegle wie bei den Aufgaben 1 bis 3 jeweils an senkrechten Achsen (rot) und an waagrechten Achsen (blau).
⑤ Erfinde eigene Muster. Zeichne zum Schluss jeweils Achsen ein.

⑥ Untersuche die folgenden Muster. Aus welchen Figuren sind sie entstanden?

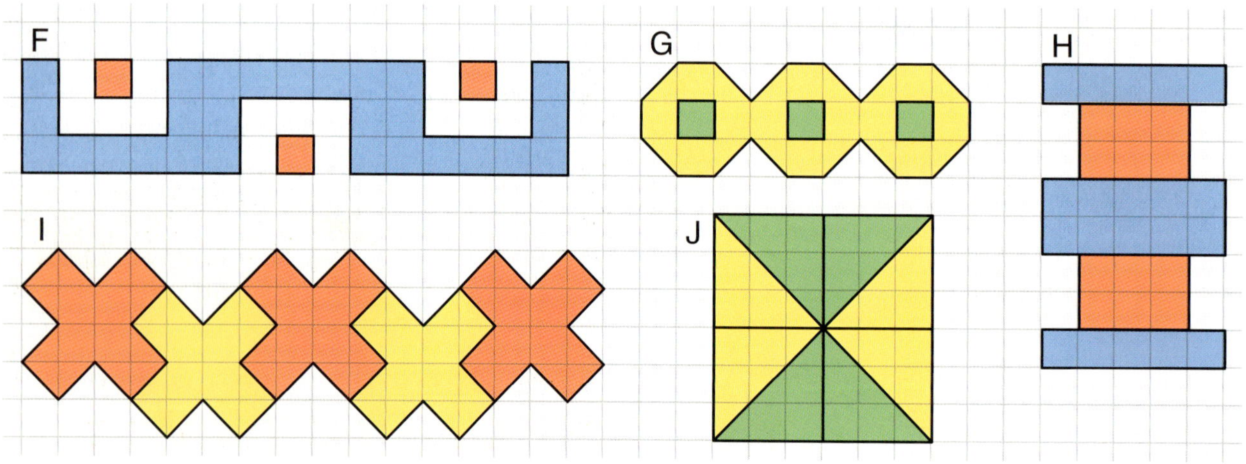

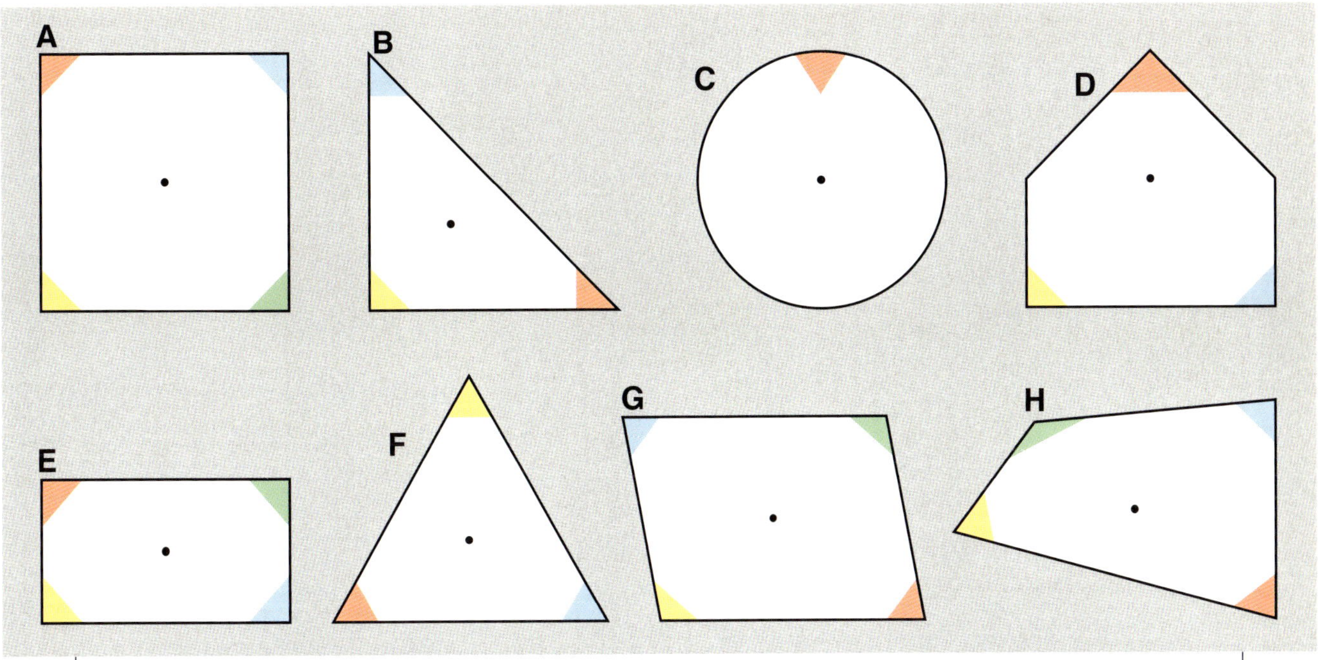


(1) Die Drehplättchen der Figuren A bis H findest du auf der Beilage 7. Stecke jeweils eine Nadel durch die eingezeichneten Punkte und drehe so, dass die Drehplättchen mit den Abbildungen zur Deckung kommen.

(2) Welche Plättchen kann man ***nur*** durch eine ganze Drehung mit ihren Abbildungen zur Deckung bringen?

(3) Schreibe auf, welche Plättchen sich ***nicht nur*** durch eine ganze Drehung mit ihrer Abbildung zur Deckung bringen lassen. Diese Figuren nennt man ***drehsymmetrisch***.

(4) Hier sind vier drehsymmetrische Figuren abgebildet. Suche in deiner Umwelt noch weitere drehsymmetrische Gegenstände oder Figuren.

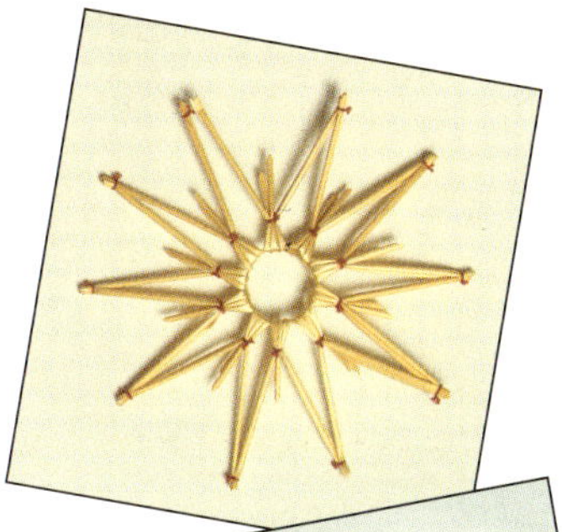

(5) Welche der folgenden Buchstaben sind achsensymmetrisch, welche drehsymmetrisch?

**A B C D E F G H I J K L M N O P Q R S T U V W X Y Z**

# Drehsymmetrisch oder achsensymmetrisch?

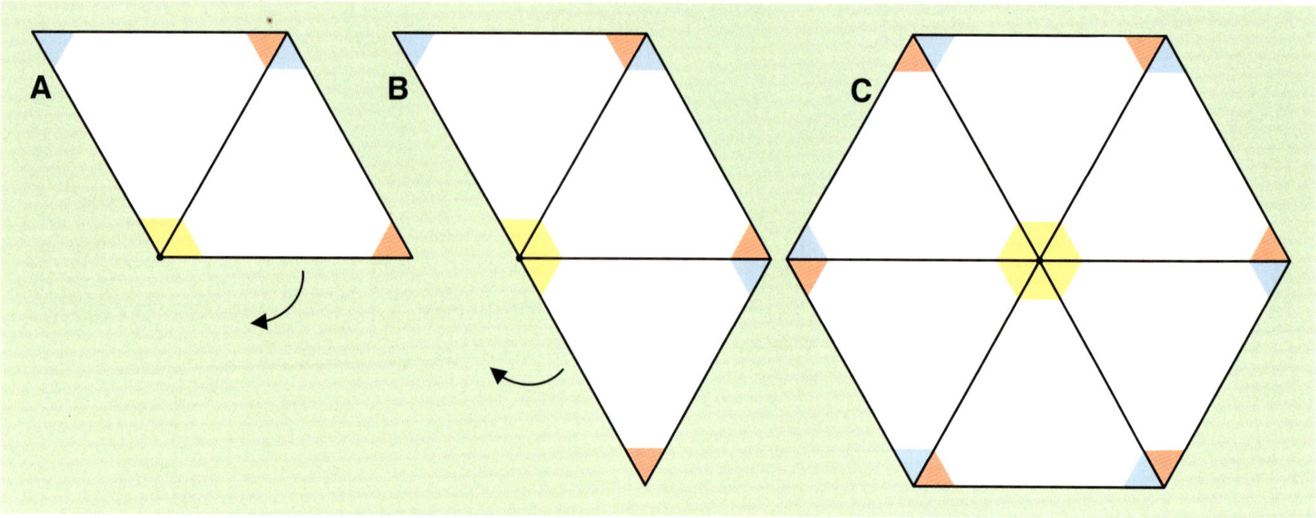


1. Stelle durch Drehen des Plättchens F (Seite 93) die Figur C her.
   Drehe und zeichne wie im Beispiel. Kennzeichne jeweils die Ecken.
2. Drehe jeweils die Plättchen A, B, D und E von Seite 93 um eine ihrer Ecken.
   Zeichne und kennzeichne wie bei Aufgabe 1.
3. Versuche in die drehsymmetrischen Figuren von Aufgabe 1 und 2 Symmetrieachsen einzuzeichnen. Geht das immer?

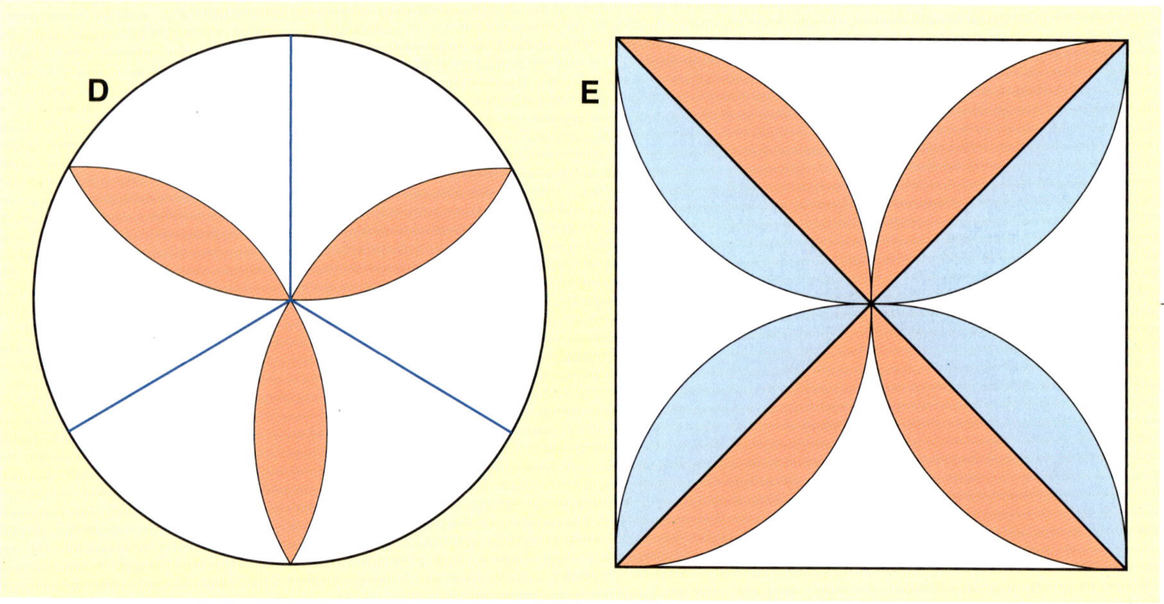


4. Zeichne mit Hilfe des Zirkels und des Geodreiecks die Figuren D und E.
5. Zeichne in die gezeichneten Figuren D und E alle Symmetrieachsen ein.
6. Untersuche, ob die beiden Figuren drehsymmetrisch sind.
   Wievielmal kann man die Figur D, wievielmal die Figur E zur Deckung bringen, bevor eine volle Drehung ausgeführt ist? Achte auch auf die Farben.
7. Untersuche die Abbildungen auf den Seiten 45 und 58.
   – Welche sind drehsymmetrisch,
   – welche sind achsensymmetrisch,
   – welche haben beide Symmetrieeigenschaften?
8. Zeichne mit Hilfe des Zirkels und des Geodreiecks weitere achsensymmetrische oder drehsymmetrische Figuren.

# Schriftlich rechnen – Jede Aufgabe kontrollieren

```
    687
+  2094
+   818
+ 14080
    121
-------
  17679 ✓
```

**Rechne:**
8, 12, 19
schreibe 9, übertrage 1.
9, 10, 19, 27
schreibe 7, übertrage 2,
usw.

**Zur Kontrolle:**
von oben nach unten
7, 11, 19
unten 9, übertrage 1,
usw.

① 687 + 2 094 + 818 + 14 080
② 4 592 + 76 + 83 088 + 325
③ 62 178 + 866 + 46 567 + 19
④ 496 250 + 8 033 + 316 + 14 228
⑤ 76 550 + 888 593 + 645 + 2 007
⑥ 6 423 + 97 495 + 895 366 + 716

```
  84026
-  9579
   1111
-------
  74447 ✓
```

**Rechne:**
9 + <u>7</u> = 16
schreibe 7, übertrage 1.
8 + <u>4</u> = 12
usw.

**Zur Kontrolle:**
von unten nach oben
addieren:
7 + 9 = 16
oben 6, unten 1, usw.

⑦ 84 026 – 9 579
⑧ 72 111 – 6 523
⑨ 61 966 – 7 237
⑩ 422 580 – 118 746
⑪ 399 157 – 217 268
⑫ 504 068 – 499 310
⑬ 6 048 – 3 122
⑭ 5 117 – 4 876
⑮ 9 133 – 5 258
⑯ 16 422 – 588
⑰ 11 043 – 697
⑱ 68 211 – 789

```
736 · 243
-----------
 1472
  2944
   2208
   1
-----------
 178848 ✓
```

**Überschlag:**
700 · 200 = 140 000

178 848

kann stimmen!

**Zur Kontrolle**
die Tauschaufgabe:

```
243 · 736
 1701
   729
   1458
     1
---------
 178848
```

⑲ 736 · 243
⑳ 508 · 245
㉑ 374 · 263
㉒ 1 522 · 614
㉓ 6 813 · 325
㉔ 2 242 · 446
㉕ 817 · 450
㉖ 659 · 308
㉗ 466 · 333
㉘ 12 125 · 258
㉙ 21 433 · 417
㉚ 55 418 · 524

```
2429 : 5 = 485   R 4 ✓
20
 42
 40
  29
  25
   (4)
```

**Kontrolle** durch die
Umkehraufgabe (Probe):

```
485 · 5
 2425
   (4)
------
 2429
```

485 R 4
stimmt!

㉛ 2 429 : 5
㉜ 7 803 : 6
㉝ 9 685 : 7
㉞ 36 118 : 10
㉟ 72 566 : 20
㊱ 45 922 : 30
㊲ 127 324 : 12
㊳ 814 568 : 14
㊴ 355 204 : 15
㊵ 48 219 : 13
㊶ 16 463 : 16
㊷ 29 704 : 19

Schreibe jeweils alle Teiler auf.

① Teiler von 12
② Teiler von 10
③ Teiler von 8
④ Teiler von 25
⑤ Teiler von 30
⑥ Teiler von 60

Schreibe jeweils die 10 kleinsten Vielfachen auf.

⑦ Vielfache von 13
⑧ Vielfache von 15
⑨ Vielfache von 17
⑩ Vielfache von 30
⑪ Vielfache von 60
⑫ Vielfache von 80

⑬ 984 + $\quad$ = 2 146
984 + $\quad$ < 2 146
984 + $\quad$ > 2 146

⑭ $\quad$ = 6 081 – 498
$\quad$ < 6 081 – 498
$\quad$ > 6 081 – 498

⑮ 7 221 – 4 786 = $\quad$
7 221 – 4 786 < $\quad$
7 221 – 4 786 > $\quad$

⑯ 7 203 – $\quad$ = 1 693
7 203 – $\quad$ < 1 693
7 203 – $\quad$ > 1 693

Schreibe jeweils die größte passende Zahl auf.

⑰ $\quad$ · 11 < 80
⑱ $\quad$ · 14 < 80
⑲ $\quad$ · 16 < 80
⑳ $\quad$ · 13 < 100
㉑ $\quad$ · 18 < 100
㉒ $\quad$ · 17 < 100

Schreibe jeweils die kleinste passende Zahl auf.

㉓ 90 : 15 < $\quad$
㉔ 85 : 17 < $\quad$
㉕ 91 : 13 < $\quad$
㉖ 144 : 18 < $\quad$
㉗ 153 : 17 < $\quad$
㉘ 114 : 19 < $\quad$

Hotel Sonne — Rechnung
Gast: Familie Haupt
25.7. – 14.8.
3 700 €
20 Übernachtungen Halbpension für 5 Personen
Datum: 14.8.2002
Betrag dankend erhalten

㉙ Für Mittagessen, Getränke u. a. gab die Familie noch 1 400 € aus.
Kosten insgesamt?
Kosten pro Tag?
Kosten pro Tag für eine Person?

㉚ Der „Spurenkiller“ (Straßenbaumaschine) erneuert jede Minute 3 m Fahrbahn. Eine Landstraße war nach 5 Tagen ausgebessert. Tägliche Arbeitszeit: 8 Stunden. Betriebskosten pro Stunde: 132 €.

㉛ Frau Schneider kauft einen neuen Pkw. Anzahlung: 18 000 €, 24 Raten zu je 355 €. Der Barpreis wäre 24 680 €.

㉜ Die Ausstellung „Meine Umwelt und ich“ war vom 6. bis 14. Juni geöffnet. Sie wurde von 60 381 Personen besucht. Der Eintritt betrug 3,50 € pro Person. Es wurden 3 573 Freikarten verschenkt.

㉝ Die Fernsehshow „Hallo Fans“ dauert 90 Minuten und kostet pro Minute 1 876 €.

A
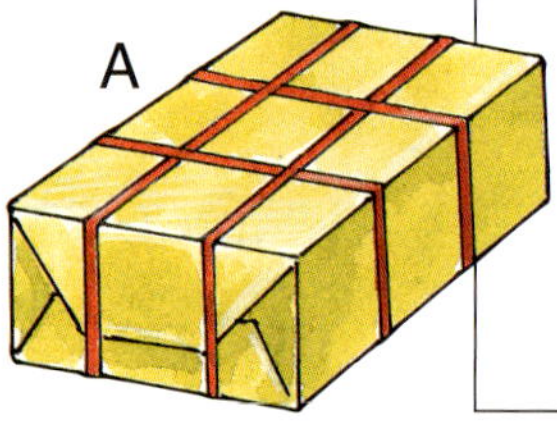

㉞ a) Für welches Päckchen braucht man am meisten, für welches am wenigsten Bindfaden? Schätze.
b) Kontrolliere, ob du gut geschätzt hast. Jedes Päckchen ist 20 cm breit, 30 cm lang und 10 cm hoch.

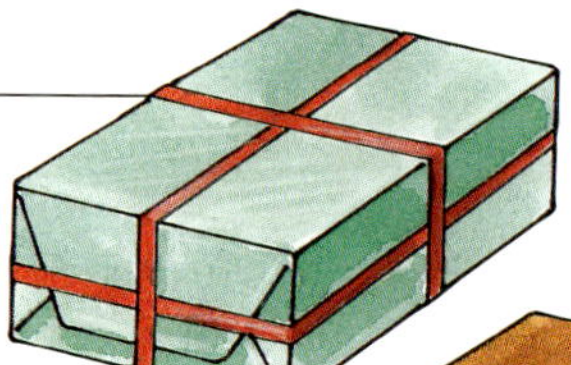
B

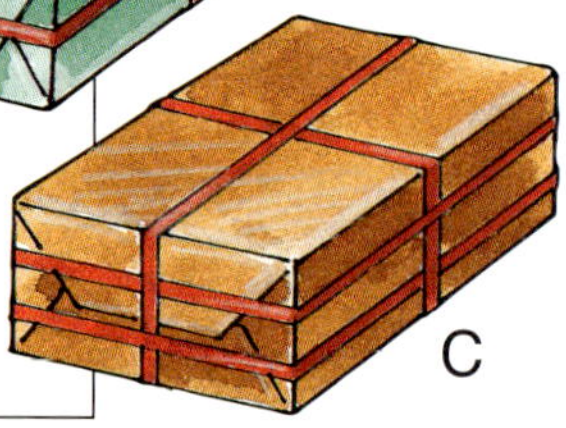
C

# Verkleinern und vergrößern – Maßstab

① Fünf der hier abgebildeten Tiere sind vergrößert abgebildet worden, damit man sie genauer betrachten kann. Die Hummel ist doppelt so groß wie in Wirklichkeit, d.h. im Maßstab 2 : 1 abgebildet.
Was bedeuten die Maßstabsangaben bei den anderen Abbildungen?

② Bestimme die wirkliche Länge der abgebildeten Tiere und ordne sie dann nach der Länge.

**Das Tagpfauenauge** Maßstab 1 : 1

Schmetterlinge sind Insekten mit 4 großen, beschuppten Flügeln und einem langen, einrollbaren Rüssel für die Nahrungsaufnahme aus den Blüten. Das Weibchen legt Eier, aus diesen schlüpfen Raupen, die Raupen verpuppen sich. Und aus den Puppen schlüpfen die herrlichen Schmetterlinge.

**Die Gartenhummel** Maßstab 2 : 1

Hummeln gehören zur Familie der Bienen. Sie haben pelzig behaarte, plumpe und behäbige Körper mit zwei Paar durchsichtigen Flügeln. Sie besitzen einen Wehrstachel. Mit einem 17 bis 21 mm langen Saugrüssel saugen sie Nektar aus den Blüten. Gartenhummeln bauen ihre Nester in die Erde.

**Die Stubenfliege** Maßstab 6 : 1

Ihr schwarzer Körper hat zwei durchsichtige Flügel und einen stempelförmigen Saugrüssel, durch den sie Speichel auf ihre Nahrung träufelt, um dann die verflüssigten Stoffe aufzusaugen. Sie vermehrt sich rasch: Ein Weibchen legt 600 – 1 000 Eier. Nach 14 Tagen fliegt schon eine neue Fliegengeneration.

**Der Siebenpunkt** Maßstab 8 : 1

Zwei der 4 Flügel dieses Marienkäfers sind harte Decken, die beiden anderen sind durchsichtig und faltbar. Die Käfer und ihre Larven fressen überwiegend Blattläuse; sie werden deshalb sogar zur biologischen Schädlingsbekämpfung gezüchtet. Bei Gefahr stellen sich die Käfer tot.

**Die Stechmücke** Maßstab 10 : 1

Stechmücken werden Menschen und Vieh durch Blutsaugen lästig.
Mit einem stechend-saugenden Rüssel saugen die Weibchen Blut.
Erst nach der Blutmahlzeit reifen die Eier, die im oder am Wasser abgelegt werden. Im Wasser entwickeln sich auch die Larven und Puppen.

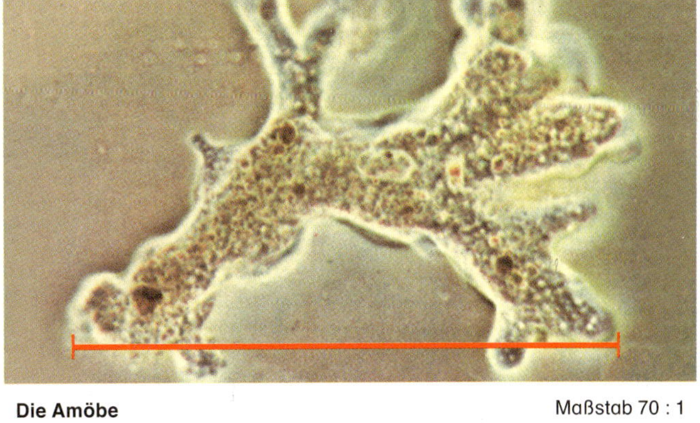

**Die Amöbe** Maßstab 70 : 1

Amöben (kleinste Urtierchen) haben keine feste Gestalt, sie können jede beliebige Form annehmen. Amöben leben im Wasser und im Darm von Tieren und Menschen. Sie können gefährliche Krankheiten verursachen. Sie nehmen Nahrung auf, indem sie einfach Bakterien oder Algen umfließen.

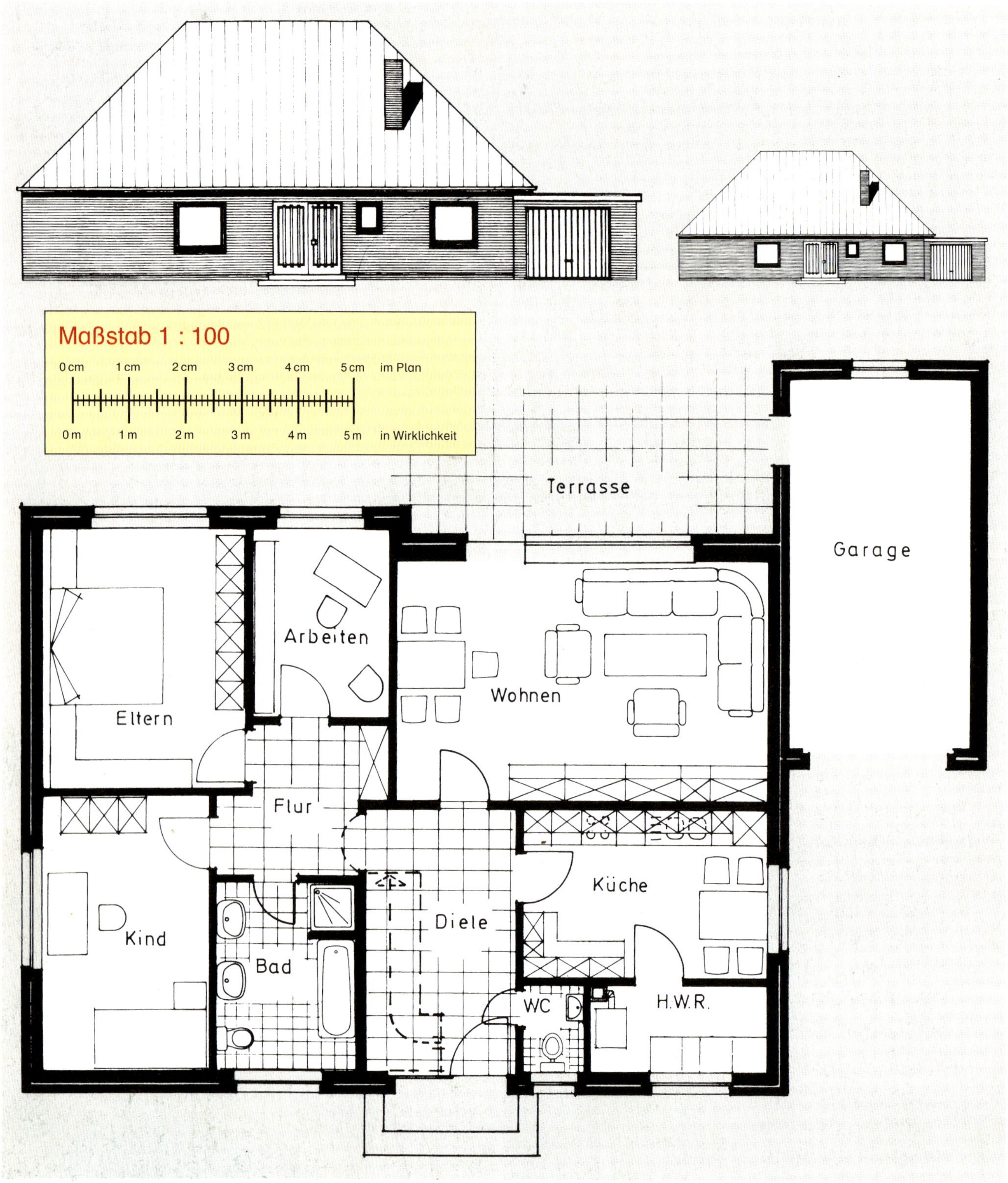


1. Stelle fest, wie lang und breit die einzelnen Zimmer sind.
2. Berechne auch die Länge und Breite einiger Einrichtungsgegenstände.
3. Messt Länge und Breite eures Klassenzimmers aus. Zeichnet den Grundriss in euer Heft. Achtet beim Verkleinern auf den Maßstab.
4. Ihr könnt auch Stühle, Tische, Schränke usw. ausmessen und sie in den Grundriss einzeichnen.

# Stadtplan und Wanderkarte – Maßstab

## 1 Dieser Stadtplan zeigt die Innenstadt von Lübeck 20 000fach verkleinert. Ermittle die ungefähren Entfernungen (Luftlinie):

a) Holstentor – Freilichtbühne

b) Marienkirche – Dom

c) Hauptzollamt – St.-Johannis-Kloster

d) Stadthalle – St.-Petri-Kirche

e) Hub-Brücke – Drehbrücke

f) Burgtor – Marien-Krankenhaus

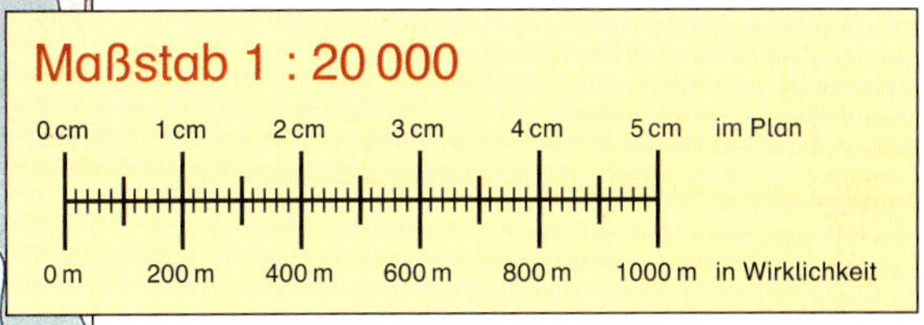


## 2 Diese Karte zeigt das Steinhuder Meer und seine Umgebung 100 000fach verkleinert.

a) Suche Orte, Berge, Sehenswürdigkeiten, Straßen … Ermittle die ungefähren Entfernungen (Luftlinie).

b) Welche Strecken legen die Schiffe zwischen den verschiedenen Haltepunkten zurück?

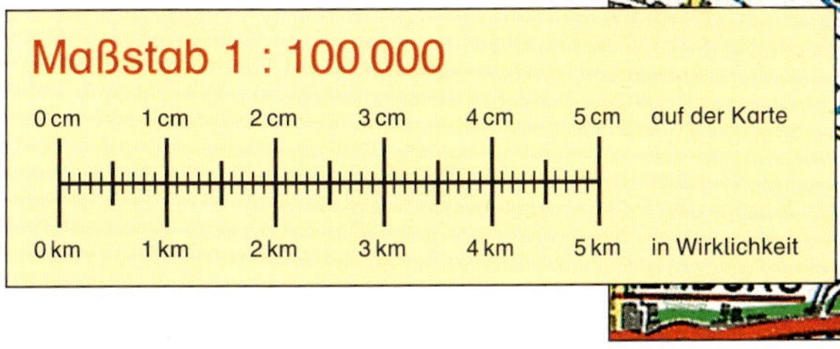

# Projekt 1: Ägyptische und römische Zahlen

① Ahib, der Ägypterjunge, schrieb vor etwa fünftausend Jahren die Anzahl der Pyramiden, Sklaven, Palmen und Kamele so auf:

② Die alten Ägypter rechneten schon mit sehr großen Zahlen. Sie benutzten als Ziffern Bildzeichen (Hieroglyphen).

Eine Einkerbung in einem Kerbholz wurde die Zahl 1. 

Die göttliche Blume der alten Ägypter war die Lotosblüte. Sie wurde zum Zeichen für die Zahl 1 000. 

Das Joch der Ochsengespanne wurde für die Zahl 10 genommen. 

Die zahllosen Schilfkolben an den Ufern des Nils wurden das Zeichen für die Zahl 10 000. 

Das Maßband der Landvermesser erhielt den Zahlenwert 100. 

Da der Nil-Frosch eine gefürchtete Landplage war, wurde die Kaulquappe zum Zeichen für die Zahl 100 000. 

③ Schreibe diese Zahlen mit unseren Ziffern.

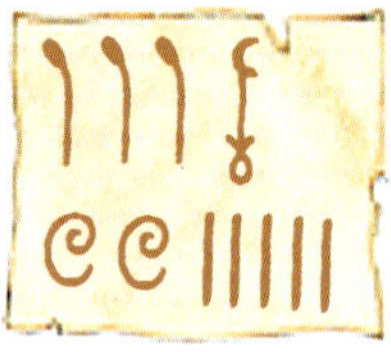

④ Schreibe mit ägyptischen Zeichen.
63, 120, 500, 4 321, 73 050, 342 179

⑤ Wie viele Zeichen (Ziffern) benötigt man für die Zahl 99 999 in der ägyptischen und in unserer Schreibweise?

Auf Briefmarken, Gebäuden und in alten Büchern finden wir heute noch römische Zahlen.

Die Römer verwendeten vor 2 000 Jahren zum Schreiben von Zahlen diese Zahlzeichen:

| I | X | C | M | V | L | D |
|---|---|---|---|---|---|---|
| 1 | 10 | 100 | 1 000 | 5 | 50 | 500 |

| REGELN | BEISPIELE |
|---|---|
| ❶ Jedes der Zeichen I, X, C darf höchstens dreimal in einer Zahl nebeneinander vorkommen. | III = 3<br>XXXIX = 30 + 9<br>CCCXC = 300 + 90 |
| ❷ Jedes der Zeichen V, L und D darf in einer Zahl nur einmal vorkommen. | XV = 10 + 5<br>LV = 50 + 5<br>DLV = 500 + 50 + 5 |
| ❸ Wenn I, X oder C vor einem Zeichen mit größerem Wert steht, wird subtrahiert. | IV = 5 – 1<br>XL = 50 – 10<br>CD = 500 – 100 |

① Ordne die römischen Zahlen unseren („arabischen“) zu.

CXXII 38 MXI 81 CCXC 1666 MCMXCVII

652 MDCLXVI 1011 MDCXL 290 DCLII 1640

LXXXI 1888 122 XXXVIII 1997 MDCCCLXXXVIII

② Schreibe die römischen Zahlen von 1 bis 20 und die Zehnerzahlen bis 100.

③ Schreibe mit römischen Zahlzeichen:

a) 36 b) 99 c) 285 d) 246 e) 1 619 f) 1 988 g) 2 000.

④ Schreibe die Zahlen **dreitausendsechshundertsiebenundachtzig** und **eintausendfünf** mit unseren Ziffern, mit ägyptischen und mit römischen Zahlzeichen.
Wie viele Zeichen benötigst du jeweils?

⑤ Suche in deiner Umgebung römische Zahlen.

# Projekt 2: Vierecke und Dreiecke am Geo-Brett untersuchen

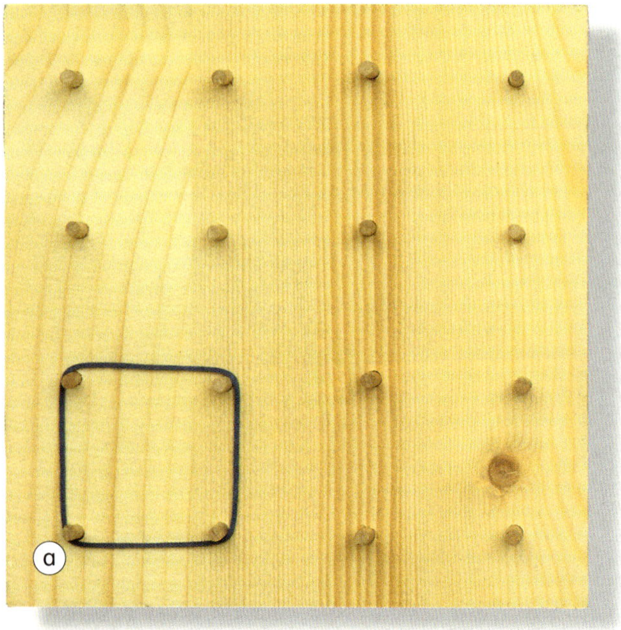


Maßeinheit für den **Flächeninhalt**
1 Quadrat (1 Q)

Maßeinheit für den **Umfang**
Die Seitenlänge des Quadrates (1 S)

① Spanne und zeichne sechs verschiedene Vierecke mit je 4 rechten Winkeln und je 2 parallelen Seiten.

Beginne immer bei Punkt ⓐ.

② Kennzeichne in den gezeichneten Vierecken die rechten Winkel.

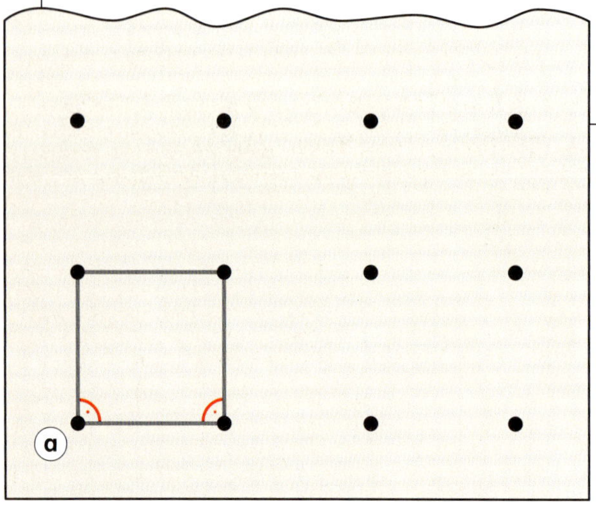


③ Färbe in den gezeichneten Vierecken die parallelen Seiten.

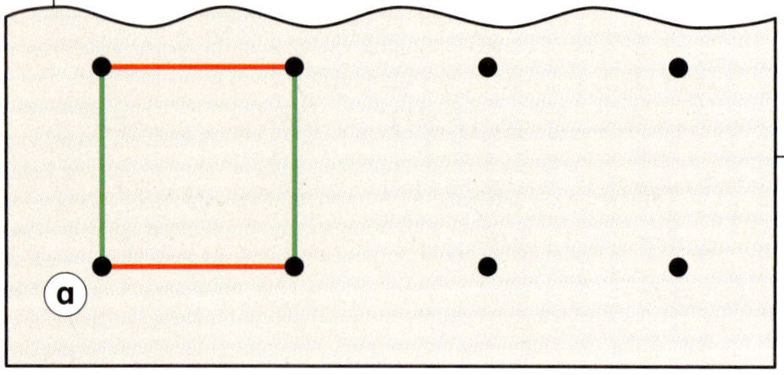


④ Schreibe zu den gezeichneten Vierecken den Flächeninhalt in Quadraten (Q).

⑤ Schreibe zu den gezeichneten Vierecken den Umfang in Seitenlängen des Quadrates (S).

| Viereck | Fläche in Q | Umfang in S |
|---|---|---|
| A | 1 | 4 |
| B | | |

⑥ Vergleiche mit Hilfe einer Tabelle die Flächeninhaltszahlen mit den Umfangszahlen.

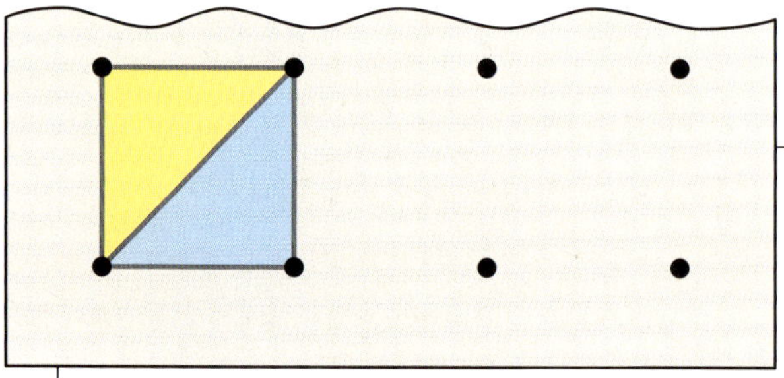

⑦ Zeichne jedes der 6 Vierecke zweimal. Zerlege es
a) in zwei Dreiecke,
b) in vier Dreiecke.

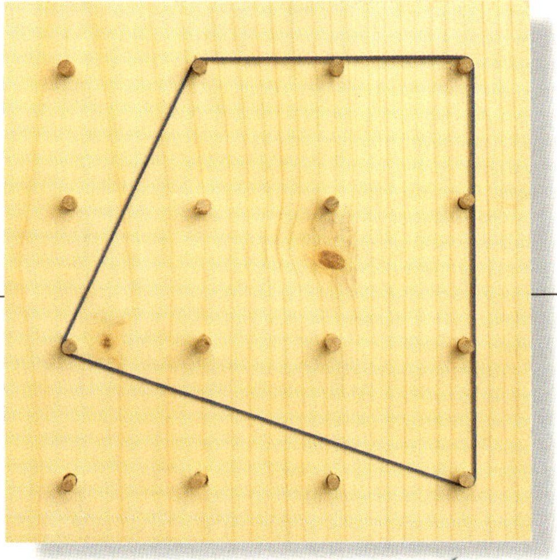

① Spanne und zeichne Vierecke mit einem rechten Winkel ohne parallele Seiten.

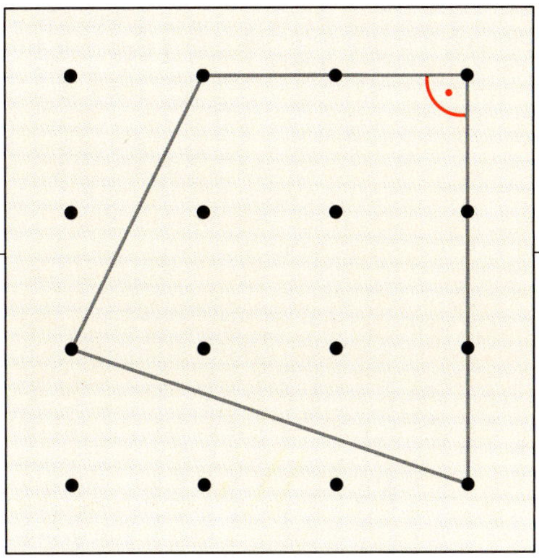

② Kennzeichne in den gezeichneten Vierecken die rechten Winkel.

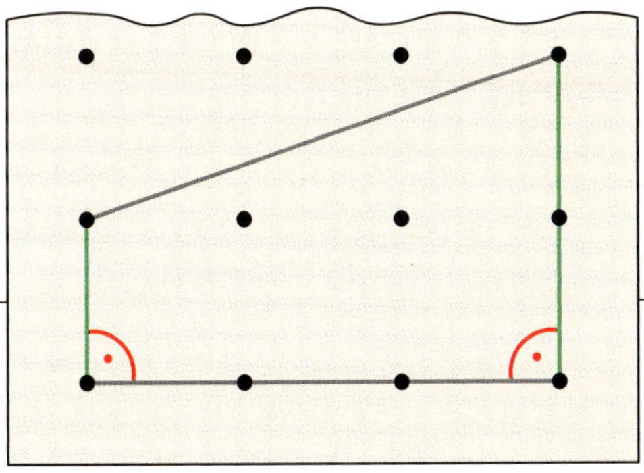

③ Spanne und zeichne Vierecke mit zwei rechten Winkeln. Zwei Seiten müssen parallel sein. Färbe sie grün. Kennzeichne die rechten Winkel.

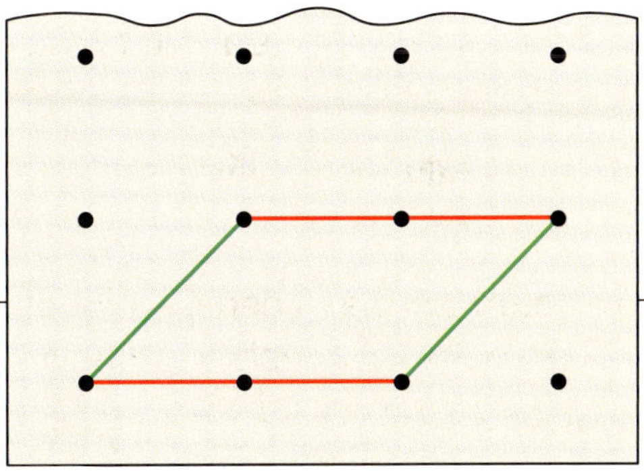

④ Spanne und zeichne Vierecke ohne rechte Winkel mit je zwei parallelen Seiten. Färbe die parallelen Seiten.

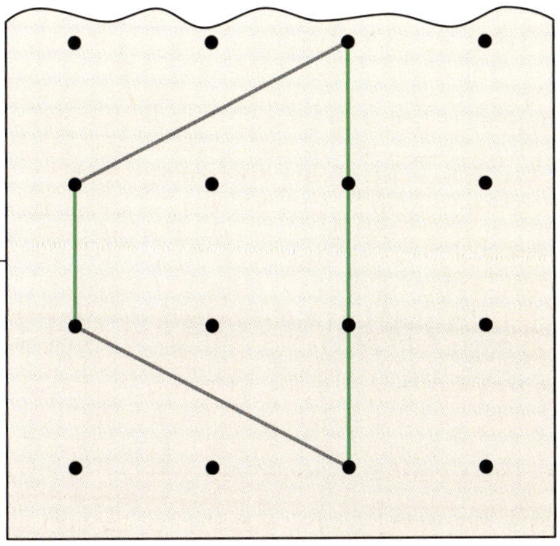

⑤ Spanne und zeichne Vierecke ohne rechte Winkel. Zwei Seiten müssen parallel sein (grün gekennzeichnet).

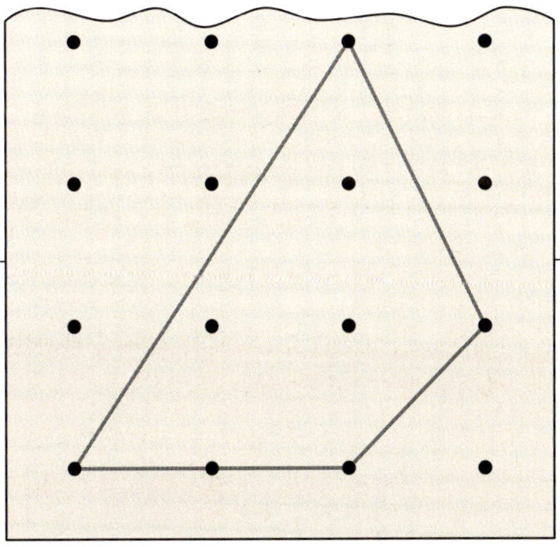

⑥ Spanne und zeichne Vierecke ohne rechte Winkel und ohne parallele Seiten.

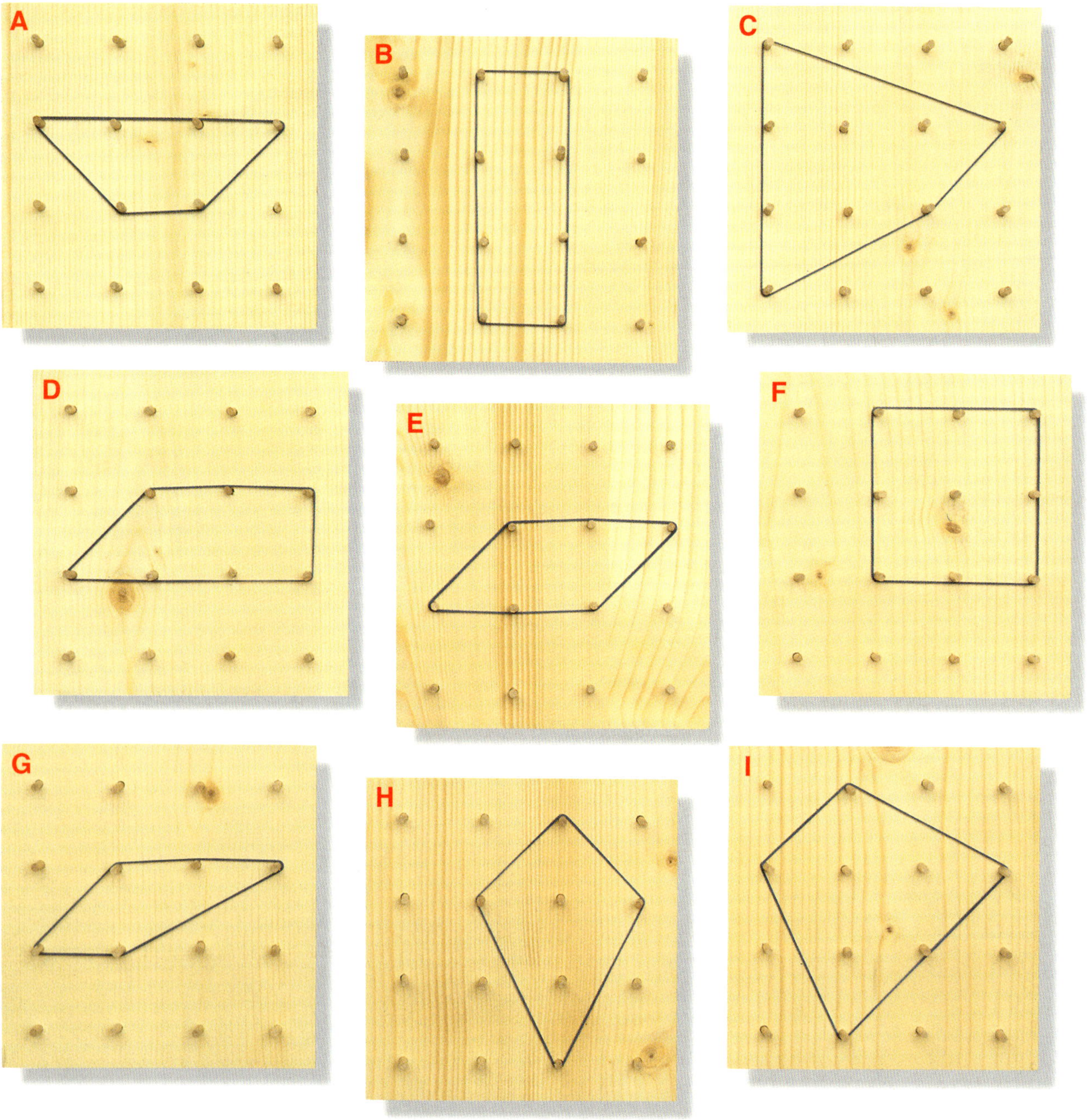


① Spanne die Figuren und zeichne sie dann.

② Kennzeichne in den gezeichneten Figuren die rechten Winkel und färbe die parallelen Linien.

③ Zeichne in die Figuren alle Symmetrieachsen ein.
Zur Kontrolle kannst du die Figuren ausschneiden und falten.

④ Trage die Ergebnisse in eine Tabelle ein.

| Figur | Anzahl der rechten Winkel | Anzahl der parallelen Seitenpaare | Anzahl der Symmetrieachsen | Anzahl der Ecken |
|---|---|---|---|---|
| A | 0 | 1 | ? | ? |
| B | | | | |

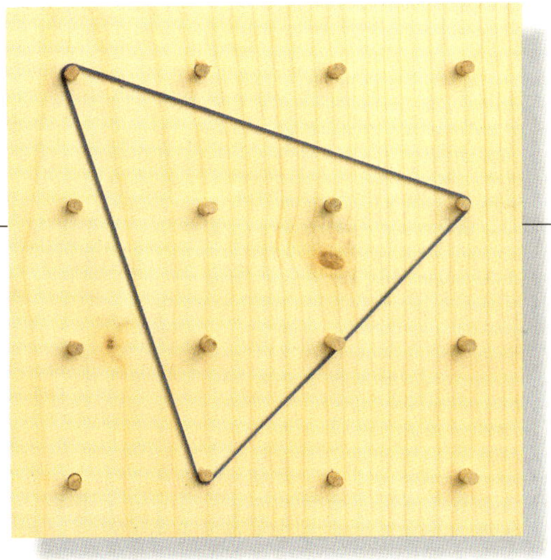

① Spanne möglichst viele verschiedene Dreiecke und zeichne sie.

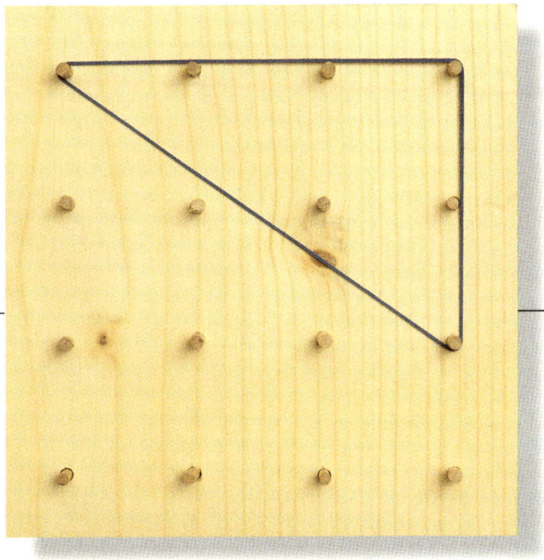
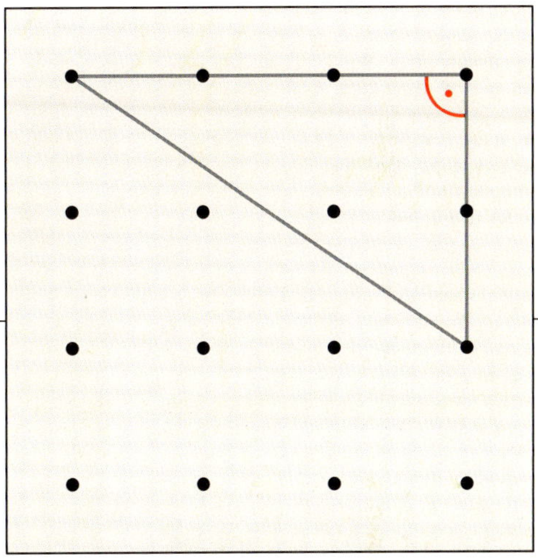

② Spanne und zeichne Dreiecke mit einem rechten Winkel.
Beginne mit dem kleinsten Dreieck.
Kennzeichne in den gezeichneten Dreiecken die rechten Winkel.

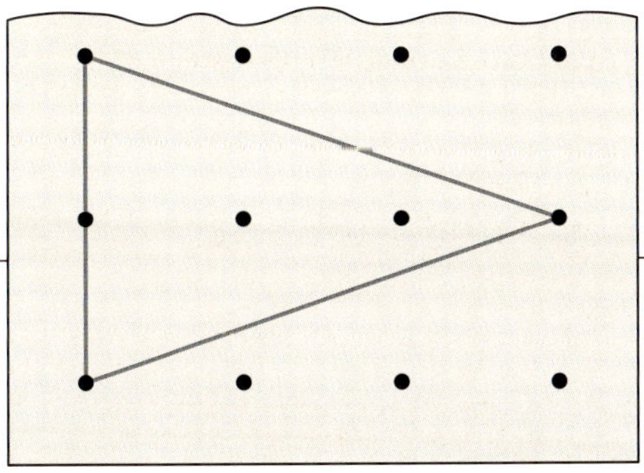

③ Spanne und zeichne Dreiecke, die keinen rechten Winkel enthalten.

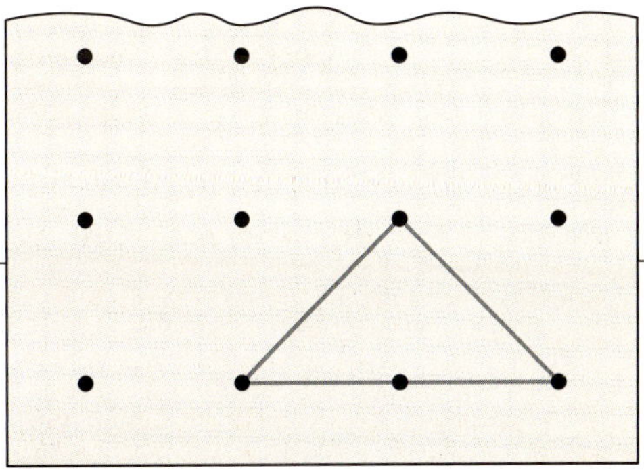

④ Spanne und zeichne Dreiecke mit einem rechten Winkel und zwei gleich langen Seiten.

# Projekt 3: Pferde, gute Freunde des Menschen

### Arabisches Vollblut

Aus Arabien stammende Pferde werden reinrassig auf der ganzen Welt weitergezüchtet.
Diese Rasse hatte großen Einfluss auf viele Pferderassen, vor allem auch auf das Englische Vollblut.

Stockmaß: 145 – 160 cm
Gewicht: 480 kg

### Englisches Vollblut

Der Vollblüter ist die schnellste und vermutlich wertvollste Pferderasse der Welt.
Sie entstand durch Kreuzung von morgenländischen mit einheimischen englischen Rennpferden.

Stockmaß: 150 – 170 cm
Gewicht: 550 kg

### Lipizzaner

Dieses Warmblutpferd hat seinen Namen von dem Ursprungsgestüt Lipizza (Slowenien).
Die Lipizzaner sind berühmte Schulpferde der Spanischen Hofreitschule Wien.

Stockmaß: 145 – 162 cm
Gewicht: 550 kg

### Deutsches Reitpferd

Wohl erfolgreichstes europäisches Warmblutpferd. Dazu gehören alte bekannte Namen wie Hannoveraner, Oldenburger usw.
Hervorragende Spring- und Dressurpferde, auf denen Olympiasiege und Meisterschaften errungen wurden.

Stockmaß: 160 – 173 cm
Gewicht: 600 kg

### Süddeutsches Kaltblut

Schweres Arbeitspferd mit trägem Temperament und gutmütigem Charakter.

Stockmaß: 158 – 165 cm
Gewicht: 780 kg

### Schweres sächsisches Warmblut

Diese Pferderasse wird heute noch rein in Sachsen gezüchtet.
Dieses Warmblut ist ein typisches Zugpferd für Landwirtschaft und Transporte.

Stockmaß: 157 – 165 cm
Gewicht: 650 kg

### Schwarzwälder Kaltblut

Leichteste deutsche Kaltblutrasse, leichter als mancher schwere Warmblüter.
Sehr eifrig und willig bei landwirtschaftlichen Arbeiten.

Stockmaß: 148 – 160 cm
Gewicht: 630 kg

### Islandpferd

Das Islandpferd wird oft halbwild gehalten.
Wegen seiner Anspruchslosigkeit wurde es zu einem beliebten Freizeitpferd.

Stockmaß: 125 – 145 cm
Gewicht: 350 kg

### Shetlandpony

Die Heimat des kleinsten britischen Ponys sind die Shetland-Inseln nordöstlich von Schottland.
Die Shetlandponys sind beliebt als Kinderponys und Zirkuspferde.

Stockmaß: 87 – 107 cm
Gewicht: 250 kg

Die Bezeichnungen Vollblüter, Warmblüter und Kaltblüter haben nichts mit der Bluttemperatur zu tun; sie sagen etwas aus über Abstammung und Temperament eines Pferdes.

Die **Vollblüter** sind sehr sensibel, mutig und feurig; sie stammen alle aus dem Orient. Als **Warmblüter** werden alle Pferde bezeichnet, die einen gewissen Anteil an Vollblut in sich haben. **Kaltblüter** sind starke aber friedliche Zugpferde. Als **Pony** bezeichnet man alle Pferde mit einem Stockmaß unter 145 cm.

Nach der Farbe des Felles unterscheidet man u.a. Rappe, Brauner, Fuchs und Schimmel.

## Körperbau des Pferdes

1. Widerrist
(Stockmaß ist die Höhe bis zum Widerrist)
2. Mähne
3. Nüster
4. Schulter
5. Brust
6. Unterarm
7. Vorderfußwurzelgelenk
8. Fessel
9. Ellenbogen
10. Knie
11. Unterschenkel
12. Huf
13. Schweif
14. Rücken

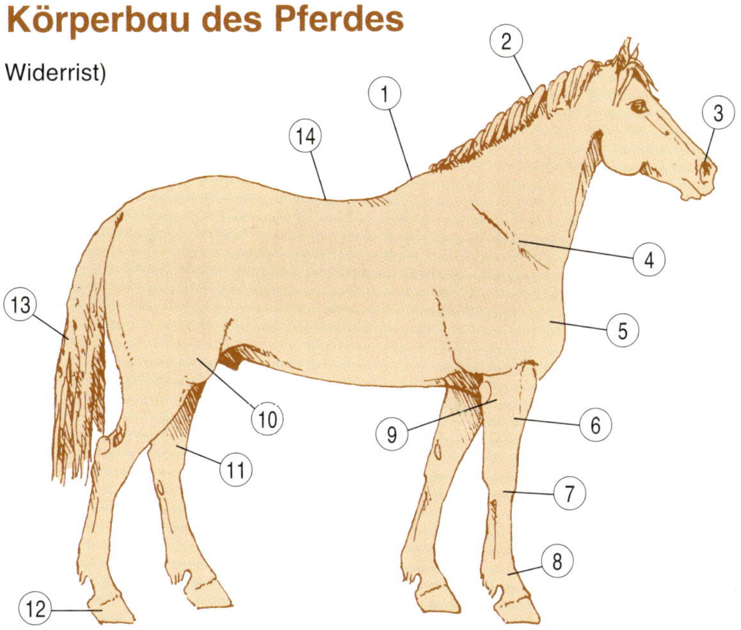


## Wissenswertes rund um das Pferd

- Pferde gibt es seit etwa 60 Millionen Jahren. Die ersten Pferde waren etwa fuchsgroß (Widerrist 37 cm). Zum Vergleich: Menschen gibt es erst seit etwa 2 Millionen Jahren.
- Vor etwa 4 000 Jahren wurden Pferde zu Haustieren (siehe unten).
- Pferde werden 30 bis 35 Jahre alt. Zur Arbeit werden sie nur bis zu einem Alter von etwa 22 Jahren eingesetzt.
- Das männliche Pferd nennt man Hengst, das weibliche Stute, das junge Fohlen. Ein kastrierter Hengst heißt Wallach.
- Gangarten

Schritt Trab Galopp

- Drei Temperamente

Vollblut Warmblut Kaltblut

- Zur Zeit gibt es in Deutschland etwa 530 000 Pferde. Zum Vergleich: Deutschland hat etwa 80 Millionen Einwohner.
- Von 34 großen Sportverbänden gibt es nur zwei, in denen die weiblichen Mitglieder in der Mehrzahl sind: Tanzen und Reiten.

| Sportart: | männlich | weiblich | unter 15 Jahren männlich | unter 15 Jahren weiblich |
|---|---|---|---|---|
| Tanzen | 97 975 | 139 682 | 7 927 | 31 234 |
| Reiten | 234 166 | 410 976 | 22 816 | 124 267 |

## Vom Wildtier zum Haustier

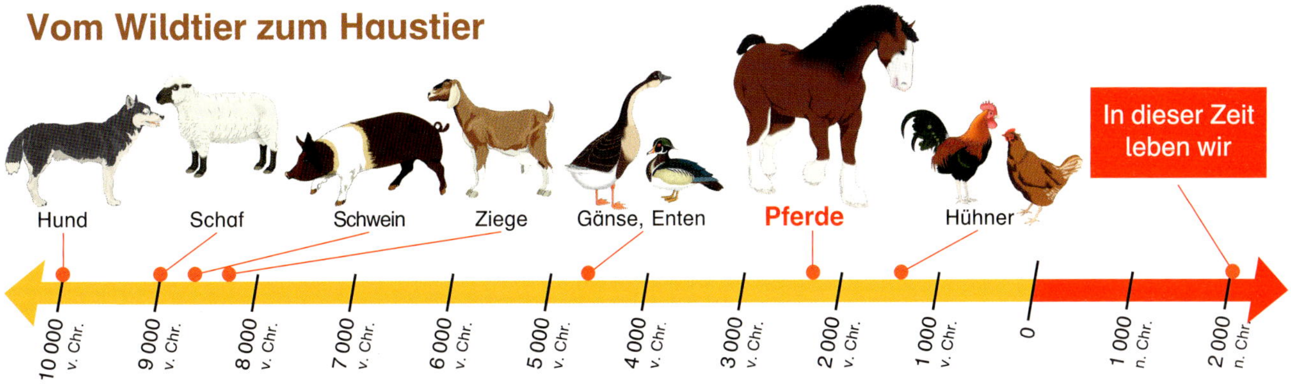

## *Einige Ausrüstungsgegenstände*

| | | |
|---|---|---|
| 1 | Reitgerte | 14,– |
| 2 | Steigbügel | 48,– |
| 3 | Steigbügelriemen | 8,– |
| 4 | Trense (Gebiss) | 29,– |
| 5 | Reithalfter mit Trensenzaum | 75,– |
| 6 | Zügel | 25,– |
| 7 | Sattel mit Gurt | 398,– |
| 8 | Reitkappe (Schutzhelm!) | 52,– |

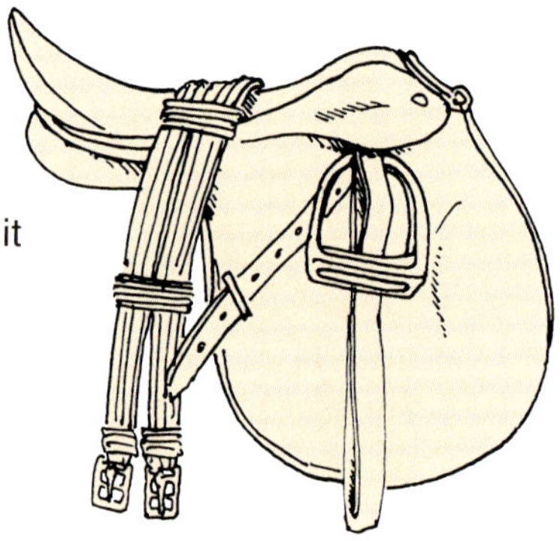

Sattel mit Gurt

## *Laufende Kosten*

- Boxmiete mit Futter, Wasser … monatlich 260,–
- Weidegang monatlich 60,–
- Vereinsgebühr jährlich 60,–
- Schmied alle 2 Monate 70,–
- Wurmkur 2-mal jährlich 50,–
- Impfung jährlich 30,–
- Sonstiges (Versicherung, Pflegemittel, Kleidung …) jährl. 250,–

# *PFERDEMARKT*

Dressurpferd
**bildschöner kastanienbrauner Hengst**, bester Charakter, geb. '89, auch für Jugendliche geeignet, aus beruflichen Gründen zu verkaufen.
VHB 7 000 €.

******* 3 Stuten zu verkaufen! *******
**1. Rappstute**, geb. 81, gesund, V.: Vollkorn, ideal für Freizeit und kl. Turniersport, 1 500 €.
**2. Braune Stute**, geb. 84, gesund, V.: Tiro, bisher Zucht und Sport, bis Kl. L, 3 000 €.
**3. Fuchsstute**, geb. 5/2000, Oldenburg, das Zukunftspferd für Zucht und Sport. 8 000 €.

**EURO-PONY-DRESSUR**
Schleifenjäger, absolutes leicht-rittiges Verlasspony, Endmaß, Wallach, von Privat.
VB 10 000 €

**Lehrpony**
Stm. 138 cm, Schimmelstute, 12j., bildschön, kerngesund. 1999 35 Platzierungen, davon 14 Siege in Kat. C.
VHB 7 000 €.

**Fahrpferde/ Arbeitspferde**
kauft man beim Fachmann. Habe laufend Arbeitspferde französischer Abstammung von 600 bis 900 kg Lebendgewicht, für Forstbetrieb geeignet, zu verkaufen.

**180 000 € Spitzenpreis in Vechta/Oldenburg**
Der Rapphengst Day Dream von Don Gregory / Schwärmer wurde mit 180 000 € das teuerste Auktionspferd der Oldenburger Herbstauktion in Vechta. Ein halbes Hundert Pferde wurden zu einem Durchschnittspreis von 23 880 € abgesetzt. Bei den Fohlen lag der Höchstpreis bei 70 000 €. Er wurde für einen Fuchshengst von Donnerhall / Pik Bube bezahlt. Der Durchschnittspreis der 51 zugeschlagenen Fohlen lag bei 10 900 €.
*fn-press*

**4jähr. Stute**
Dunkelfuchs, Stm. 171 cm, guter Charakter, V.: Wanninger.
VB 13 000 €.

**Weltmeisterblut!**
**8j. schw. Wallach**
v. Westminister, S-Springen plaz., v. Amateur geritten (Stm. 179 cm), VB 28 000 €.

Abkürzungen
VHB (VB) = Verhandlungsbasis; Stm = Stockmaß; V. = Vater

## Reiterhof A

Übernachtung mit Frühstück
pro Tag

| | |
|---|---|
| Doppelzimmer mit Bad / WC | 40,– |
| Einzelzimmer mit Bad / WC | 25,– |
| Kinder bei Unterbringung im Elternschlafzimmer: bis 3 Jahre frei | |
| Gastpferdebox pro Tag | 10,– |
| Reitstunde Halle mit Gruppenunterricht | 10,– |
| Reitstunde Gelände | 11,– |
| Longierstunde (30 Minuten) | 11,– |

## Reiterhof B

**Reitkurse für Kinder und Jugendliche**

**Pauschalangebot 420,– €**

12 Übernachtungen mit Vollpension, Unterbringung in Doppelzimmern mit Bad / WC, theor. Unterricht, Betreuung, 2 Reitstunden täglich (Samstag und Sonntag jeweils nur 1 Reitstunde)
Altersgrenze: von 9 bis 18 Jahre

## Reiterhof C

Preise
Vollpension incl. 1 Reitstunde täglich 28,– pro Tag
Jede weitere Reitstunde 9,– (für Hausgäste).

Alle Schulferien geöffnet, außer Pfingsten
Weihnachtsferien ab 26. Dezember

Preise ab 1. Januar 2000
Vollpension inkl. 1 Reitstunde täglich und theoretischer Unterricht 40,– pro Tag

## Anregungen zur Durchführung des Projektes

### 1 Sammeln

- Bilder von Pferden
- Berichte über Pferderennen
- Pferdebücher, -kalender
- Prospekte von Versandhäusern für Pferdeartikel
- Prospekte für Reiterferien
- Ausschnitte aus Zeitungen (Kauf- und Verkaufsanzeigen)

### 2 Ausstellung

- Die Pferderassen in Bild und Text
- Pferdezubehör
- Reiterkleidung
- Entwicklung des Pferdes vom Eohippus zum heutigen Pferd

### 3 Unterrichtsgänge

- Zu einem Gestüt
- Züchter
- Reiter (Ställe)
- Landwirt
- Schmied
- Tierarzt
- Zoo

### 4 Erfinde Aufgaben.

Große Entfernungen können wir uns nur vorstellen, wenn wir sie mit Entfernungen, die wir kennen, vergleichen.

| | Millionen | Tausender | Einer km |
|---|---|---|---|
| Viertelstündiger Schulweg * | | | 1 |
| Halbstündiger Fahrradweg * | | | 10 |
| Einstündige Autofahrt * | | | 100 |
| Entfernung von der Nordsee zu den Alpen * | | 1 | 000 |
| Durchmesser des Mondes | | 3 | 480 |
| Durchmesser der Erde | | 12 | 760 |
| Entfernung von der Erde zum Mond * | | 384 | 000 |
| Durchmesser der Sonne | 1 | 392 | 700 |
| Entfernung von der Erde zur Sonne * | 149 | 700 | 000 |

* Bei den Entfernungen handelt es sich um mittlere Angaben.

Schätze zuerst, rechne dann.

1. Wie lange dauert eine Autofahrt von der Nordsee bis zu den Alpen?

2. Wie lange bräuchte man mit dem Auto bis zum Mond, wenn man wie auf der Autobahn mit 100 Kilometern pro Stunde fahren könnte? Rechne um in Tage, Wochen und Monate.

3. Wie oft passt der Durchmesser der Erde etwa in den Durchmesser der Sonne? (Lösungshilfe: Tabelle)

4. Vergleiche die Entfernung von der Erde zum Mond mit dem Durchmesser der Sonne.

Nimm eine Holzkugel mit 13 mm Durchmesser als Modell für die Erde (Erddurchmesser rund 13 000 km) und lege sie auf den Boden.

5. Welchen Durchmesser muss danach eine Kugel haben, die den Mond darstellt?

6. Wie weit weg vom Modell der Erde musst du das Mondmodell legen?

7. Wie weit wäre ein Modell der Sonne vom Erdmodell weg? Könntest du das Sonnenmodell im Klassenzimmer ablegen?

8. Wie groß müsste der Durchmesser eines Sonnenmodells ungefähr sein? Passt dieses Sonnenmodell ins Klassenzimmer?

1. Den Planeten Merkur könnt ihr mit einer Holzkugel von 5 mm Durchmesser darstellen. Wie groß sind dann die Durchmesser von den Modellen der anderen Planeten?
2. Wie weit vom Modell der Sonne müssten die Modelle der Planeten entfernt sein? Sucht entsprechende Entfernungen von eurer Schule.

## Das Planetensystem

| Planet | | Milliarden | Millionen | Tausender | Einer | |
|---|---|---|---|---|---|---|
| Merkur | Durchmesser | | | 4 | 880 | km |
| | Entfernung von der Sonne * | | 57 | 900 | 000 | km |
| Venus | Durchmesser | | | 12 | 620 | km |
| | Entfernung von der Sonne * | | 108 | 100 | 000 | km |
| Erde | Durchmesser | | | 12 | 760 | km |
| | Entfernung von der Sonne * | | 149 | 700 | 000 | km |
| Mars | Durchmesser | | | 6 | 860 | km |
| | Entfernung von der Sonne * | | 227 | 800 | 000 | km |
| Jupiter | Durchmesser | | | 143 | 600 | km |
| | Entfernung von der Sonne * | | 777 | 900 | 000 | km |
| Saturn | Durchmesser | | | 120 | 600 | km |
| | Entfernung von der Sonne * | 1 | 426 | 000 | 000 | km |
| Uranus | Durchmesser | | | 53 | 400 | km |
| | Entfernung von der Sonne * | 2 | 869 | 000 | 000 | km |
| Neptun | Durchmesser | | | 49 | 700 | km |
| | Entfernung von der Sonne * | 4 | 498 | 000 | 000 | km |
| Pluto | Durchmesser | | | 2 | 300 | km |
| | Entfernung von der Sonne * | 5 | 904 | 000 | 000 | km |

* Bei den Entfernungen handelt es sich um mittlere Angaben.

# Viele Aufgaben zum Üben

## Päckchen A

a) Als ct schreiben
b) Addieren
c) Subtrahieren
d) Zu 100 € ergänzen

Je Nr. 5 Aufgaben

① 43,60 €; 276 ct
② 65 € 10 ct; 80,68 €
③ 92 € 5 ct; 51,48 €
④ 1 000 ct; 5,83 €
⑤ 0,06 €; 9 837 ct
⑥ 24,68 €; 18 ct

## Päckchen B

ab Seite 33

Multipliziere jede Zahl mit 5, 6, 7, 8, 9.
Kontrolle: Überschlag

Je Nr. 10 Aufgaben.

① 3 000
② 4 567
③ 8 901
④ 2 345
⑤ 6 802
⑥ 1 357
⑦ 9 240
⑧ 2 039
⑨ 6 543
⑩ 2 198
⑪ 40 078
⑫ 32 005
⑬ 87 600
⑭ 10 203
⑮ 98 765

## Päckchen C

ab Seite 40

a) Beide Zahlen addieren
b) Unterschied berechnen
c) Jede Zahl zu 1 000 000 ergänzen

Je Nr. 4 Aufgaben

① 76 543; 4 816
② 12 098; 9 999
③ 30 487; 6 543
④ 90 000; 8 364
⑤ 45 300; 7 004
⑥ 28 084; 777
⑦ 20 436; 62 813
⑧ 649; 71 850
⑨ 2 453; 95 368
⑩ 36 912; 66 666
⑪ 4 000; 81 007
⑫ 90 099; 7 318

## Päckchen D

ab Seite 51

Dividiere jede Zahl durch 2, 3, 4 und 5.
Kontrolle: Umkehraufgabe

Je Nr. 8 Aufgaben

① 76 328
② 57 519
③ 41 036
④ 16 007
⑤ 10 000
⑥ 34 567
⑦ 89 101
⑧ 12 131
⑨ 66 666
⑩ 77 777
⑪ 376 258
⑫ 500 094
⑬ 903 060
⑭ 853 427
⑮ 975 318

## Päckchen E

ab Seite 51

Dividiere jede Zahl durch 6, 7, 8, 9 und 10.
Kontrolle: Umkehraufgabe

Je Nr. 10 Aufgaben

① 9 372
② 4 365
③ 1 903
④ 8 009
⑤ 5 555
⑥ 84 358
⑦ 53 760
⑧ 11 111
⑨ 90 000
⑩ 32 895
⑪ 729 618
⑫ 293 425
⑬ 806 972
⑭ 500 500
⑮ 800 000

## Päckchen H

ab Seite 61

Multipliziere jede Zahl mit 236, 519, 704, 892.
Kontrolle: Überschlag

Je Nr. 8 Aufgaben

① 4 000
② 3 248
③ 5 037
④ 9 410
⑤ 6 279
⑥ 90 000
⑦ 76 315
⑧ 42 086
⑨ 99 999
⑩ 80 706

## Päckchen F

ab Seite 53

a) Addieren
b) Unterschied berechnen
c) Unterschied zu 10 min berechnen

Je Nr. 4 Aufgaben

① 1 min 30 s; 4 min 10 s
② 5 min 10 s; 50 s
③ 100 s; 7 min 30 s
④ 200 s; $\frac{1}{2}$ h
⑤ 300 s; 5 min 30 s
⑥ $\frac{1}{4}$ h; 120 s
⑦ 1 h; 50 s
⑧ 100 s; 100 min

## Päckchen G

ab Seite 53

a) Addieren
b) Unterschied berechnen
c) Unterschied zu 1h berechnen

Je Nr. 4 Aufgaben

① 30 min; 56 min
② 1 h 20 min; 40 min
③ 24 min; 80 min
④ 60 min; 36 min
⑤ 1 h 48 min; 24 min
⑥ 56 min; 1 h 12 min
⑦ 15 min; 100 min
⑧ 3 h; 2 h 45 min

## Päckchen I

ab Seite 69

a) Als kg schreiben
b) Addieren
c) Subtrahieren
d) Zu 10 kg ergänzen

Je Nr. 5 Aufgaben

① 9 416 g; 283 g
② 4 kg 800 g; 2 840 g
③ 2 kg 80 g; 2 840 g
④ 6 070 g; 6 kg 70 g
⑤ 1 000 g; 2 kg 750 g
⑥ 500 g; 5 500 g
⑦ 7 004 kg; 9 kg 999 g
⑧ 8 g; 6 kg 120 g

## Päckchen J

ab Seite 70

a) Als t schreiben
b) Addieren
c) Subtrahieren
d) Zu 10 t ergänzen

Je Nr. 5 Aufgaben

① 2 825 kg; 787 kg
② 7 239 kg; 9 368 kg
③ 34 kg; 1 000 kg
④ 4 t 620 kg; 85 kg
⑤ 3 t 75 kg; 6 382 kg
⑥ 6 t 6 kg; 9 950 kg
⑦ 4 009 kg; 4 t 90 kg
⑧ 9 t 90 kg; 6 kg

## Päckchen K

ab Seite 74

a) Als km schreiben
b) Addieren
c) Subtrahieren
d) Zu 10 km ergänzen

Je Nr. 5 Aufgaben

① 4 870 m; 681 m
② 9 km 900 m; 46 m
③ 2 km 70 m; 500 m
④ 4 444 m; 6 km 5 m
⑤ 5 km 900 m; 900 m
⑥ 9 999 m; 999 m
⑦ 4 008 m; 4 km 4 m

## Päckchen L

ab Seite 78

a) Als cm schreiben
b) Addieren
c) Subtrahieren
d) Unterschied zu 100 m berechnen

Je Nr. 5 Aufgaben

① 203 cm; 62 m 60 cm
② 850 cm; 28,40 m
③ 10 m 95 cm; 64,80 m
④ 52,06 m; 0,90 m
⑤ 47 m 19 cm; 72,43 m
⑥ 9 cm; 90 m 91 cm
⑦ 3 m 80 cm; 0,06 m

# Inhaltsverzeichnis

## Mathematische Begriffe

(+) plus

**addieren** — **Addition**

| | | |
|---|---|---|
| 624 | ← Summand | ] Summe |
| + 312 | ← Summand | |
| 936 | ← Summe | |

(−) minus

**subtrahieren** — **Subtraktion**

| | | |
|---|---|---|
| 5 1<br>~~6~~~~2~~4 | ← Minuend | ] Differenz |
| − 365 | ← Subtrahend | |
| 259 | ← Differenz | |

(·) mal

**multiplizieren** — **Multiplikation**

12 · 7 = 84

↑ Faktor ↑ Faktor ↑ Produkt

Faktor · Faktor: Produkt

(:) geteilt durch

**dividieren** — **Division**

72 : 9 = 8

↑ Dividend ↑ Divisor ↑ Quotient

Dividend : Divisor: Quotient